Clandestina

O resgate de um destino

Halu Gamashi

Clandestina

O resgate de um destino

2017

Ventos Antigos

www.VentosAntigos.com

G186c
    Gamashi, Halu, 1963-
    Clandestina – O resgate de um destino
    Halu Gamashi
    2ª edição - Ventos Antigos, 2017
    1. Espiritualidade 2. Mediunidade
I. Gamashi, Halu II. Título
CDD: 133.9
CDU: 133.7

Capa
Luciana Morin

Revisão
Patrícia Sotello

Sumário

Agradecimentos

O meu primeiro agradecimento é para o meu país que, com a sua tropicalidade, permitiu às diversas culturas que se diluíssem nas suas cidades e estados.

A todas as pessoas que participam dos meus trabalhos.

A todos os meus leitores, que me inspiram a escrever.

Ao sol de cada dia que fertiliza a minha mente e dá forças para eu me expor, expor as minhas intimidades em busca de quem as receba e compreenda a exposição.

Agradecer?

Agradecer é escrever mais. Esta é a minha forma de agradecimento, o que significa que o meu coração é grato por tudo que passei para ter o que contar. Grato a todos os que ouvem e tornam mais úteis e válidas as minhas experiências.

Com o coração grato, abraço cada leitor, abraço cada cúmplice que faz da sua vida uma porta para acasalar outras vidas, criando um mundo possível dentro de infinitas impossibilidades.

Halu Gamashi

Introdução

Cumplicidade

Mais do que leitores, procuro por cúmplices. Sei que a cumplicidade só é conquistada com o tempo. Mas, pelas informações que tenho, não posso me "dar ao luxo" de esperar que o tempo conquiste cúmplices para mim. Terei eu a força do tempo para captar cúmplices? Terão as minhas palavras a força necessária para mobilizar a cumplicidade? E aí volto ao tempo — só ele responderá.

Escrever *Clandestina — O resgate de um destino* foi muito livre porque eu havia decidido não publicar pelas editoras, que buscam um leitor qualquer. Qualquer um pode se dar ao luxo de publicar os seus livros pelas editoras. Mas cansei de lutar, em vão, contra cortes em meus livros; eles me diziam: "uma obra-prima de 200 páginas sendo lapidada pode ser escrita em 150...". — Bazófia! Balela! — Os capítulos escolhidos para serem retirados eram sempre os mesmos! Então, escrever *Clandestina — o resgate de um destino* foi uma libertação. No entanto, percebi que não contaria com o auxílio da editora para publicá-lo, lógico! Teria que fazer tudo sozinha!

Fiz este livro com recursos próprios e foi o que mais gostei de escrever por não sentir a minha espontaneidade freada, as minhas verdades diminuídas e a minha missão de informar comprometida. Venho de uma cultura oral em que é mais importante a Essência da Filosofia que a ordem gramatical. É um alívio: a libertação! Principalmente quando estamos dispostos a pagar o preço por ela.

Nos poemas e nos sonetos há a licenciatura poética, que nos permite pecar contra a gramática para que a sonoridade fluida do poema exploda com a sua real beleza. Foi neste princípio que me fundamentei *para falar* no meu livro.

Também não sou uma escritora que busca leitores. Como disse, busco cúmplices, pessoas que tenham interesse profundo sobre os temas que escrevo. Não há uma gota de ficção nas minhas histórias, é tudo real!

A minha função é divulgar conhecimentos especiais que adquiro com o Mundo Espiritual e com as Energias do Santuário da Natureza. São especiais porque são verdadeiros. Não acredito em pessoas especiais: somos todos iguais, trilhando a nossa monotonia em busca de algo que nos resgate para uma crença maior.

Acredito que existem informações especiais, revelações que nos resgatam da monotonia. Meu conceito de monotonia é: acreditar em início, meio e fim — nada é mais monótono do que tudo que cabe neste princípio.

As experiências que vivi me resgataram da monotonia, e hoje sei que o início da vida começou há tanto tempo que o fim não existe. Descobri no meio, no estágio mediano, a licença para me envolver em experiências que resgatassem, não só a mim, mas aos meus cúmplices da monotonia.

Por que clandestina? — meu cúmplice-leitor pode perguntar.

Escolhi o título *Clandestina — o resgate de um destino* porque a clandestinidade sempre foi a minha vida pública. Já escrevi oito livros, trabalho no Brasil e na Europa e, enquanto dito estas linhas, recebo um e-mail para trabalhar no Canadá; mas não consigo oficializar o meu trabalho. Os espaços que existem para os sensitivos são: ou o hospício ou a transformação em gurus ou coisas do tipo. Como não sou devedora de nenhum destes dois caminhos, escolhi o da clandestinidade, que é falar e escrever para pessoas que já entenderam a necessidade de compreender sobre o espírito que mora dentro dos seus corações, sobre a energia que circula a eletricidade dos seus corpos, que as leva a cometerem bons atos ou maus atos por um impulso, por um comando não racional.

Agora os meus livros começam a ir para o teatro e as minhas histórias começam a ir para as músicas também. O espírito da música me procurou e em 40 dias escrevi 35 músicas.

Vivo procurando caminhos para chegar às pessoas, mas sem querer convencê-las de nada. Se eu precisar provar alguma coisa, sei que não estou diante de alguém que já passou por experiências cujas provas estão nelas mesmas.

Escrever *Clandestina* é sair da clandestinidade. É o primeiro trabalho em que não há nenhum tipo de censura: nem dos investidores, nem da conspiração gramatical.

Todos os meus livros são um convite. A minha casa vive cheia de pessoas que vêm por intermédio deles. Grande alegria!

É isso aí, o que tenho para dizer está nas próximas linhas. Estou cumprindo a minha função no mundo. Se você concluir que busca o que eu busco — e encontro —, há um lugar para você aqui.

Sei que a minha casa ainda não está completa: sonho com pessoas que não conheço, que estão por aí. Mas sei que algo maior — que eu e elas — promoverá este encontro.

Estou lhe esperando. Venha trazendo o amor que tem. O que eu tenho para dar, só vindo você descobrirá. Mas, estou lhe procurando. Nasci assim: procurando pessoas. Já me encontrei com muitas, mas ainda faltam tantas outras para construirmos esta quebra de monotonia que nos resgatará para o plano de um amor maior, no qual a compreensão estará na base dos nossos diálogos e interesses.

Com carinho por todos,
Halu Gamashi

1. Casas Astrais: [1]
Ata de reunião sobre o início dos anos
1960 no calendário terrestre

Zelador Baltazar abre a reunião:

— Meus amigos, concluímos a observação sobre o processo de evolução na esfera material. A Terra se prepara para dar um salto quântico buscando equiparar-se ao crescimento evolutivo universal. O universo é uma rede de eletricidade que mantém todos ligados, independentemente do planeta em que habitamos. Recebi informações, de planetas mais evoluídos do que o planeta Terra, de que esta rede elétrica se deslocará promovendo uma grande mutação em todo o Universo. Todos sabemos que a Terra é um planeta berçário onde as mônadas, que se desprendem desta rede elétrica universal, encontram um ninho para confeccionarem seus corpos, evoluírem a sua razão, burilarem o seu sentimento, a sua ética e, através dos processos de reencarnação, criarem a sua individuação. Antes de nos desprendermos desta corrente elétrica somos registros akáshicos, uma parte da Consciência Divina, e quando nos desprendemos somos conduzidos ao planeta Terra; deslocamo-nos da Divina Consciência do Pai e é o planeta Terra que nos permite dar início para transformarmo-nos a Sua Imagem e Semelhança — "Somos deuses",

[1]Casas Astrais são uma parte do mundo espiritual onde Espíritos Ancestrais de luz criaram uma egrégora para trabalhar no desenvolvimento e evolução da parte material do planeta Terra, objetivando auxiliar o planeta a não se dispersar do crescimento evolutivo universal.

disse Jesus. A Terra é o planeta berçário, o início deste crescimento evolutivo. Quando terminamos o nosso aprendizado neste planeta, isto é, quando confeccionamos a nossa individuação, aprendemos a ter opinião própria, desenvolvemos o discernimento do que, verdadeiramente, são lucros e perdas, concluímos o nosso tempo de vida no planeta Terra e a nossa alma dá início à magnetização de um planeta mais evoluído dentro da órbita universal. Porém, o planeta Terra é que nos dá os primeiros requisitos e condições para nos humanizarmos, para darmos continuidade ao processo de evolução individual e coletivo.

— Baltazar, este salto quântico resgatará todas as pessoas do planeta? — pergunta o zelador Edgar.

— Esta resposta não cabe a mim e sim ao tempo. Considerando registros anteriores, quando houve oportunidades de saltos quânticos, nem todos os terrestres acompanharam e, então, evoluíram. No entanto, foram resgatados pela Rede Elétrica Divina com a oportunidade de reiniciar o seu aprendizado. Estudando as previsões Crísticas através de frases, tal como "Dois estarão na varanda, um será salvo e o outro não", creio que se repetirá o mesmo processo das Eras anteriores. Não podemos esquecer do livre-arbítrio que nos foi dado, cuja principal função é escolhermos o momento em que queremos evoluir. Aprofundando no livre-arbítrio, concluí que este salto quântico nunca foi, e nunca será, uma imposição da Consciência Divina. Nas outras Eras, as pessoas que foram magnetizadas não tinham dívida com a Terra, nenhum dízimo e nenhum carma. Estudando os textos sagrados, aprendemos que o pré-requisito para o salto quântico é ter um amplo desenvolvimento de respeito sedimentado na alma. As pessoas que serão magnetizadas para planetas superiores já estão na direção Elétrica da construção deste respeito, cujas regras são bem claras: "não façamos ao outro o que não queremos que seja feito a nós mesmos" e "não julguemos o outro com elementos que não queremos ser julgados". Para se estabelecer nos planetas superiores é preciso ter desenvolvido, com profundidade e lisura, estas duas regras da transmigração universal. É para isso que trabalhamos, senhores: tocar a consciência dos homens na Terra para despertarem para os processos de evolução e mutação.

— Como são caracterizadas esta evolução e esta mutação?

— Através, Edgar, da ampliação da inteligência e do desenvolvimento da memória cósmica, criando assim o registro akáshico individual. Quando os terrestres não precisam mais dos registros akáshicos coletivos universais para se construírem, significa que alcançaram a condição de registro akáshico humano, conquistando, então, a imortalidade. E encerram o processo de reencarnação por já não terem mais o que aprender com o Santuário da Natureza do planeta Terra e serão magnetizados por outros Santuários, por outras Naturezas existentes em planetas superiores.

— Baltazar, gostaria que você falasse sobre as fronteiras cósmicas.

— A cada década, Edgar, amplia-se o contato entre o planeta Terra, as esferas imateriais e os seres de outros planetas. As fronteiras e as distâncias cósmicas, que nos mantinham totalmente separados, diminuem, aproximando as realidades das múltiplas existências do espaço sideral. O céu cósmico abre os seus portais: muito em breve seremos todos vizinhos e precisamos nos preparar para esta fusão, posto que a aproximação se inicia a passos largos. O zelador Moushan apresentará o resultado dos nossos estudos.

— O zelador Baltazar nos mobilizou para esta tarefa. Para dar continuidade ao que ele já disse, vou apresentar alguns registros sobre as nossas observações. Peço a todos que se concentrem e acompanhem na tela de explanação heliográfica[2].

Terminada a apresentação, os zeladores das Casas Astrais, na parte imaterial do Planeta, que comumente chamamos de plano espiritual, reuniram-se para conceituar o que viram.

O zelador Moushan com a palavra:

— Como podemos ver, o número de pessoas que descobre a nossa existência se multiplica a cada década. Os órgãos dos sentidos das pessoas encarnadas se ampliaram para esta percepção e os corpos etéricos dos desencarnados se ambientaram às energias da esfera material.

— Nas minhas reuniões com os mentores que acompanham

---

[2]A tela de explanação heliográfica é um aparelho que capta, grava e transmite imagens da vida na Terra, as quais são usadas para observação nas Casas Astrais e para auxiliar as lembranças dos desencarnados quando retornam ao mundo espiritual para avaliarem as suas próprias trajetórias.

cotidianamente as pessoas na Terra, eles me relatam uma significativa mudança na condição de se manterem na esfera material: conseguem permanecer por um tempo maior e já não são contundentemente atingidos por energias desarmônicas que compulsoriamente os impulsionavam a retornar à esfera espiritual.

— Sim, Edgar, e tudo isto propicia o contato, o aumento da comunicação e miscigenação entre a esfera material e o mundo espiritual. O zelador Baltazar, estudando os textos sagrados, aguarda esta miscigenação há muito tempo. O que precisamos evitar é a distorção da realidade oriunda das diferenças de conceitos e valores que existem entre as duas esferas. Pois, se assim não for, embora exista o aumento da comunicação, a qualidade poderá se deteriorar.

— Edgar e Moushan, não podemos nos esquecer dos valores que fundamentam a vida na Terra, ou seja, os valores materiais. Embora o contato tenha se ampliado, as pessoas na esfera material ainda não conseguem significar nas suas vidas o que é a eternidade e a evolução e, em função disso, não conseguem se desvincular das rotas cármica e dármica, inerentes aos tributos e leis materiais — pontuou o zelador Baltazar, que disse: — Zelador Alcir, estou sentindo as suas preocupações internas, divida-as conosco.

— Há pouco tempo fui convidado por Baltazar para me unir à equipe de zeladores. Antes disso, trabalhava como mentor de sensitivos na esfera material e ainda guardo comigo preocupações aflitivas deste período.

— Essas aflitivas preocupações são extremamente úteis para o seu atual trabalho. Eu o convidei por muitas razões, e a memória latente das suas preocupações fará com que aprofundemos e aperfeiçoemos os nossos estudos e conclusões.

— Eu diria que a maior dificuldade de comunicação entre as esferas espiritual e material é que as pessoas encarnadas têm muita dificuldade de atravessar os períodos iniciais dos seus próprios projetos. No início de um projeto estão as dificuldades, os obstáculos, cujas funções são revelar a preparação para seguirem adiante. No entanto, as pessoas não compreendem assim, e é exatamente neste momento que: se atrelam à rota cármica das leis e tributos materiais; burlam as suas próprias leis; enganam inocentes e se introduzem no espaço sombrio da sua ética e dos seus valores morais.

— Alcir, os encarnados que agem assim não têm lucidez para perceber que estão enganando a si mesmos? — pergunta Baltazar.

— Não, não tem! Erroneamente acreditam que agindo desta forma diminuem os obstáculos e fogem das dificuldades iniciais, dando origem a futuros sofrimentos; enfraquecem a imunidade espiritual e isto faz com que seus reflexos e sua inteligência estacionem. A primeira consequência é a inversão na rotação dos chakras — como sabemos, os chakras são os órgãos responsáveis pela comunicação entre o espírito e a matéria, são canais de comunicação, e cada chakra tem uma rotação peculiar à sua função. Quando a rotação dos chakras se inverte, distorce a qualidade da comunicação, desarmoniza o campo áurico e todas as energias sutis que inspiram o discernimento e a lucidez são afastadas da sua rotação. Esta inversão leva os indivíduos a se conectarem com as energias instintivas da base da aura, torna-os agressivos e desproporcionais, perdem o controle sobre suas almas e, como consequência final, sentem a necessidade de recursos materiais infindáveis. Há a transferência da satisfação interna, da harmonia e do bem-estar para os bens materiais que conquistam. Vou exemplificar: eles se preocupam excessivamente com o bem-estar do seu patrimônio em detrimento do bem-estar orgânico, emocional e espiritual.

— E o que acontece com a virtude orgânica? — questiona Baltazar.

— A saúde fica quase abandonada, só voltam a pensar nela quando as doenças já se instalaram em seus corpos — até assim, só quando a doença os impede ou dificulta a aquisição de mais patrimônios ou os ameaça perdê-los. A virtude emocional sofre um prejuízo ainda maior porque fica atrelada à vida útil destes patrimônios. A alegria deixa de ser fonte causal e se transforma em consequência quando há lucros e ganhos. A determinação, que é a fonte que estabiliza as emoções, perde sua proporção e se transforma em raiva, irritação e angústia por não suportar as expectativas e especulações que atormentam estes indivíduos no início ou durante os seus projetos. Assim sendo, a virtude espiritual é totalmente sublimada e subtraída para não entrar em conflito com os subterfúgios da sombra e da ética distorcida que os levam a querer ganhar e ganhar sempre.

— Alcir, o que as pessoas querem quando procuram um sensitivo? — pergunta Edgar.

— Diminuir os obstáculos, eliminar as suas doenças, e vão além: fórmulas de como adquirir mais patrimônios, magias para alienar pessoas a se submeterem aos seus interesses mesquinhos. O número de pessoas que os procuram para investigar sobre a espiritualidade, a eternidade, as virtudes orgânica, emocional e espiritual são muito reduzidas. Geralmente os procuram quando não conseguiram êxito com a medicina e a terapia tradicionais. Isto quer dizer que, quando procuram um sensitivo, chegam trazendo uma enorme desproporção emocional; o campo áurico assimétrico, o que permite a entrada de energias negativas; o corpo espiritual demasiadamente sofrido e a rota cármica ampliada. São muito poucos os que conseguem associar a saúde do corpo material, que está diretamente ligada à ética e à eletricidade humana, com a saúde emocional e espiritual.

Moushan interrompe Alcir:

— Mas não é função do sensitivo curar as doenças materiais! Como faremos Alcir, para que as pessoas no plano terrestre aprendam que as doenças da matéria são oriundas do espírito por distorções, exageros ou abusos materiais? E que a função de um sensitivo que trabalha para a espiritualidade é auxiliá-los na descoberta do corpo espiritual e tratar o campo eletromagnético, que é a fonte da eletricidade humana, através do estudo das suas auras e da rotação dos seus chakras?

— Moushan, não podemos nos esquecer que, quando os sensitivos trabalham no campo áurico e nos chakras, por consequência auxiliam na cura do corpo material, por estarem trabalhando na fonte causal das doenças materiais, mas são muito poucos os que reconhecem isto. Quando sabem que um amigo foi "curado", não procuram saber por todo o trabalho que este amigo passou, renegam este trecho e procuram o sensitivo para a cura "mágica" de suas doenças materiais.

— Também preciso saber: como reagem os sensitivos? — pergunta Edgar.

— Antes de responder à sua pergunta é importante enfocar a condição de sobrevivência dos sensitivos na esfera material. Por não serem compreendidos nas suas idiossincrasias e peculiaridades, sofrem dificuldades para se adaptarem às escolas e aos trabalhos formais. Sobrevivem entre duas forças de julgamento, há os que os julgam indisciplinados e incoerentes, atribuindo-lhes, inclusive, doenças mentais e psíquicas. Para esta corrente de pensamento, os sensitivos são rotulados como doentes inadequados e estes rótulos culminam por afastá-los das escolas, dificultando suas vidas em grupo. Desolados, diminuídos e inutilizados, com o passar dos anos acabam se acreditando e se vendo como doentes. A segunda corrente de pensamento descobre no sensitivo as mesmas idiossincrasias e peculiaridades, porém enxerga, nestas diferenças, um servidor para lhe propiciar conquistas e facilitar aquisições de patrimônios. Como falei anteriormente, o sensitivo na esfera material do planeta Terra sobrevive entre estas polaridades de julgamentos. Você, Edgar, pergunta como eles reagem? Reagem fugindo do primeiro grupo e se aproximando do segundo em busca de aceitação.

— Você que os acompanhou de perto poderia nos descrever os julgamentos que os sensitivos têm de si mesmos? — questiona Moushan.

— Para descrever, vou separá-los em grupos. Há os que sucumbem no início das suas manifestações e sensibilizações, sucumbem ao rótulo do doente mental e psíquico, principalmente se o início da paranormalidade ocorreu na primeira infância. Os pais e os familiares os observam, e ao detectarem as suas peculiaridades, que nesta fase são: dificuldade para dormir; dificuldade para acordar quando estão dormindo; têm sonhos e pesadelos intensos e constantes; são imaginativos, criativos, conversadores ou enigmáticos; relatam ver e ouvir pessoas e diálogos que outros não veem e não ouvem...

— Estes somos nós, Alcir?

— Inclusive nós, Moushan. Mas também veem espíritos inferiores que não vieram para tratamento no mundo espiritual, que se mantêm na Terra por não conseguirem se desligar de suas famílias e de seus bens. Há ainda aqueles que já se sabem desencarnados, mas querem se vingar de adversários e desafetos da época que estavam encarnados. Como estava dizendo, quanto aos sensitivos cujos pais desconhecem a cultura espiritual, o primeiro movimento é levá-los aos médicos que, se também desconhecem, negam ou não aprofundam sobre a espiritualidade e as manifestações paranormais, os rotulam doentes inábeis e inadequados por serem diferentes do que os seus manuais estipulam como normalidade. E há o segundo grupo de sensitivos: os que conseguem se adaptar aos dois mundos. Isto é, no mundo terreno onde estão a escola e os amiguinhos, adquirem conceitos satisfatórios na escola e, ao mesmo tempo, continuam a desenvolver sua paranormalidade. Diria que, por não provocarem nenhum tipo de transtorno e divergência no que se espera deles, passam despercebidos — suas visões e captações não são levadas a sério. Os terrestres se avaliam mutuamente por resultados e, quando a criança sensitiva consegue estabelecer os tais resultados, sua paranormalidade é deixada de lado.

— Estou entendendo, Alcir, que os sensitivos têm uma dificuldade de construir um conceito sobre eles mesmos.

— Concordo com você, Moushan. A aceitação é importante para todos os tipos de sociedades terrestres, todos querem ser aceitos e, para tanto, desenvolvem uma regra, um padrão que os iguale. Quando uma diferença pode ser escondida ou disfarçada, optam por isto, mas você há de convir que para um paranormal ou um sensitivo isto é impossível!

— E quanto à segunda corrente de pensamento, que você citou anteriormente?

— A segunda corrente de pensamento, como já disse, vê os sensitivos como especiais, serviçais para as suas conquistas e confundem manifestação paranormal com evolução espiritual. Uma confusão incoerente já que, ao mesmo tempo em que os rotulam como mestres espirituais, gurus e ditadores dos caminhos da evolução, querem deles benefícios terrenos.

— Eu também gostaria de saber qual é a orientação que os sensitivos recebem dos seus mentores espirituais diretos.

— Procuramos orientá-los para saírem desta polarização, construírem um caminho próprio.

Moushan insiste:

— E como reagem a esta orientação?

— É muito difícil! Quase impossível! Terminam por trilhar dogmas religiosos, não conseguem separar a espiritualidade e a evolução dos dogmas e paradigmas das religiões, que na maioria das vezes não os compreendem por querer enquadrá-los à dinâmica espiritual do sistema hierárquico das religiões. Quanto mais aumenta a comunicação entre a esfera material e a esfera espiritual, mais as confusões e as distorções se ampliam. É necessário incentivá-los a refletir sobre a dinâmica evolutiva do sistema interplanetário universal e a importância de o Planeta Terra acompanhar este processo.

— Na minha opinião — declara Moushan — a base deste incentivo consiste em inspirá-los a desenvolverem opinião própria. A partir daí cada homem na Terra construirá o seu próprio *religare,* a sua própria religião, aprenderá a conceituar espiritualidade e religiosidade. E o discernimento mostrará que a religião é uma forma, um modo para a conexão com a espiritualidade, de acordo com a cultura e a evolução de cada indivíduo. As religiões precisam deixar de ser um teto entre a Terra e o mundo espiritual!

2. As preocupações de Dona Mércia

"Mércia, a sua sogra é uma pessoa boa, mas a relação que ela tem com a religião católica tira-lhe a neutralidade para compreender Turunga" (Turunga sou eu e Mércia a minha mãe).

— Mamãe, não é muito diferente do que querem fazer com a minha filha no centro espírita que você frequenta.

— Como não, minha filha?

— Por que Turunga já tem que se definir por uma religião? E quem garante que são as religiões que resolverão o problema dela?

— Pelo menos no centro não querem que ela passe o dia inteiro rezando, fazendo jejum, ajoelhando em milhos...

— No entanto, querem determinar outras coisas: que ela é médium e que, através da mediunidade, fará caridades e curas espirituais; determinar os mesmos conceitos de certo e errado e discriminar pessoas que não seguem a religião, que não seguem o espiritismo, assim como a senhora discrimina a minha sogra e a minha sogra discrimina a senhora. Eu vou à igreja e ao centro, e a impressão que tenho é que há um certo terrorismo brando que influencia as pessoas a temerem Deus, a não fazerem o mal para não irem para o inferno ou para o umbral.

— E o que Turunga diz? — perguntou a minha avó.

— Sobre religiões? Nada! Ela relata ver espíritos e a conversa que tem com eles. Eles nunca a induziram ou pediram que procurasse religião.

— Ela é muito nova, ainda não tem dez anos. Talvez seja por isso...

— Não vou criar a minha filha com "talvez" e nem ela aceita.

— Onde ela está agora?

— Brincando na rua com as filhas da Dona Tuda.

Foi nesta época que minha mãe resolveu, ou teve forças para assumir o comando da minha educação. Embora muito nova, ainda não tinha 25 anos, decidiu errar ou acertar sozinha. Eu já havia passado pela mão de muita gente: pelos padres de minha avó paterna, por alguns médicos do meu pai e por uma dúzia de médiuns, amigos da minha avó materna, e consegui sobreviver a todos, até então!

É muito difícil refratar um rótulo, rejeitar uma classificação, uma moldura. No entanto, ter tido pais jovens e morado em Salvador, saindo da cidade do interior, facilitou a minha vida.

Meus pais eram muito jovens e nessa época já tinham três filhos: muitas crianças dentro de casa, alimentá-las e vesti-las tomavam-lhes um grande tempo.

Eu estudava, nessa época, numa escola de freiras, mas eram umas freiras diferentes das que conheci no interior da Bahia e amigas de minha avó paterna.

— Dona Mércia, essa menina é diferente! Já pensei em levá-la ao padre da paróquia, mas é melhor não! Embora convivamos com ela todos os dias, não saberíamos descrevê-la para o padre José.

— Irmã Maria Olga, pelo amor de Deus, não faça isso! Para seu governo ela já rezou, coroou Nossa Senhora, ajoelhou em milhos, confessava-se diariamente, cumpriu penitências com diferentes terços e jejuou, para no final deste enredo, o padre, lá do interior, dizer ao meu sogro que o problema da minha filha não era endemoniação ou santidade e sugerir que a levássemos ao psiquiatra. Eu e meu marido já a levamos a diversos psiquiatras e nenhum deles encontrou qualquer problema psíquico ou mental em minha filha, o que me leva a concluir que ela não é nem endemoniada nem doente.

Eu e os meus dois irmãos estudávamos nessa escola, que ficava no final da rua Luiz Anselmo, no bairro de Brotas. Uma rua eclética, ímpar pelas características dos seus moradores. Era a escola "Instituto Frei Ludowico" e, para rimar e fazer piadas com o meu humor irônico, eu dizia: "Instituto Frei Ludowico, entra burro e sai cabrito".

"Menina, menina, cuidado com a sua língua!", aconselhava-me

a minha mãe. Mas eu gostava da escola e também das freiras, embora elas não nos chamassem pelo primeiro nome: "Cadê esses Dias da Silva?" — e assim éramos Dias da Silva Um, Dois e Três. Por ser a mais velha eu era a Dias da Silva Um.

Dona Tuda e seus inúmeros filhos. Dona Deia e mais um punhado de filhos. Dona Iná e Dona Filinha eram as nossas vizinhas mais próximas — minha querida rua Luiz Anselmo. Agradeço a todos eles por terem me amado e me aceitado como eu era: uma menina traquina, cheia de ideias, que os enchia de apelidos. Mas sabiam do carinho que nutria por todos eles.

Dona Exaltação, para melhorar a sua pequena renda, vendia na sua janela uma fruta de nome abricó:

— Dona Desidratação, tem "abricú?".

— É o diabo dos filhos da Mércia que chamam os meninos da rua e, juntos, vêm perturbar a minha paz! Mércia, por favor, chegue um minutinho aqui no seu portão.

Contar isto me trouxe uma imensa saudade dos minutinhos no portão da minha casa.

Dona Exaltação fazia as suas queixas.

— Exaltação, o seu nome é Desidratação?

— Não, Mércia.

— Você vende "abricú"? Enquanto você der importância a estas molequeiras, as crianças não vão parar.

— É essa sua filha que fica fazendo rima e troça com o nome e o trabalho dos outros. E não é só comigo não!

— É, mas é a mesma menina que leva a sua panela para vender mingau e lhe ajuda na vendagem do sábado, que limpa o seu quintal...

— Lá isso é! Mas não dava pra ela parar de brincar?

Lá se ia Dona Exaltação, não muito convencida com as explicações da minha mãe.

Era uma rua muito amorosa, comemorávamos aniversários juntos, todo mundo era um pouco pai, mãe e filho de todo mundo — quase uma comunidade. Domingo iam à igreja, na paróquia Santa Tereza e quinta à noite tomavam passe com o caboclo Tupiyara. Os livros de Divaldo Franco, escritor espírita baiano, e os de Francisco Cândido Xavier trançavam pelos muros, somados aos carurus — comida de santo do candomblé — de Olga de Alaketo. Vivíamos ecleticamente a nossa religiosidade. No entanto, acho que éramos mais sinceros com a Yalôrixá do Alaketo, porque só a ela contávamos sobre as visitas às outras religiões. As outras, se sabiam, faziam de conta que não viam. Ajudávamos e nos protegíamos mutuamente.

Na minha rua todo mundo sabia que eu via e ouvia os espíritos. Falava abertamente sobre eles e quem me ouvia, ouvia e não me repelia. Cuidávamos apenas de tirar o meu pai destes acontecimentos. Ele se dizia ateu e, além de não me incentivar, extrapolava na autoridade para me fazer compreender que o que eu ouvia e via, se não fosse imaginação, seria doença sem cura, perigosa.

— Dona Mércia, outro dia a senhora veio buscar os seus filhos e me contou que Turunga já havia passado por algumas orientações da igreja do interior. Nem a coroação de Nossa Senhora fez com que as almas do abismo se afastassem dela?

— Ai, ai, irmã Maria Olga, quem disse que são almas do abismo? Isto é por sua conta! Turunga coroou Nossa Senhora, cumpriu todos os rituais, foi batizada e fez catecismo, tudo o que pediram.

— Ela completou a catequese?

— Não! O padre pediu para retirá-la.

— E por quê?

— A senhora conhece a minha filha. Fez um monte de perguntas que o padre entendeu impertinentes.

— Como assim, Dona Mércia?

— Vou lhe contar a última: o padre falava sobre Caim, Abel, Adão e Eva. Disse às crianças que Caim matou Abel e por isso foi expulso do paraíso...

— É, Dona Mércia, foi isso mesmo o que aconteceu!

— Foi, irmã?! Depois ele disse que Caim, expulso do paraíso, casou-se com uma moça e Turunga quis saber quem eram os pais da esposa de Caim, já que, até então, toda a população do mundo se resumia a Adão e Eva, Caim e Abel.

— Como é, Dona Mércia?

— Minha filha faz perguntas por que quer entender o que ensinam para ela. Ela quer confiar, mas não aceita e não consegue entender por que não pode questionar. Ela é assim.

— Uma menina tão pequena e já passou por tanta coisa. A senhora aceita que ela faça a primeira comunhão?

— Isso é lá com ela. Se ela aceitar, ou se não aceitar, não vou interferir. A senhora tem alguma queixa quanto ao comportamento da minha filha?

— Ela é muito travessa, mas é obediente e carinhosa com os professores e colegas. Todos nós aqui gostamos muito dela. A senhora soube do episódio com a irmã Maria Rosa? Diz Turunga que viu e falou com a alma da mãe de Maria Rosa. Ela adivinhou o nome, descreveu a tal senhora e, segundo a irmã, o recado que Turunga trouxe é coerente.

— E isso gerou algum problema, irmã?

— Não, Dona Mércia, fique em paz, nós os administramos para que não ultrapassem os muros da escola.

— Meu marido não pode nem saber disso. Mas a senhora falou episódios. Teve mais de um?

— Toda hora! A senhora não sabia? Ela corrige as professoras quando narram os fatos históricos, diz que estamos todas erradas e conta o que sabe. Revela que aprendeu com um anjo espiritual que lhe ensina. E o pior, ou melhor, é que eu fui às bibliotecas pesquisar a História Geral que Turunga diz que sabe, e ela sabe! Não se preocupe, conhecemos as intempéries do seu marido com relação a essas coisas da menina.

— Irmã, a senhora não fica assustada como os outros?

— Às vezes sim, mas eu sigo o meu coração e vejo Turunga por ele. Ela é uma criança tranquila, doce, que não faz da sua condição especial uma diferença e nós vamos caminhando com ela. Eu aconselharia a senhora a procurar uma escola para crianças superinteligentes. Já pesquisei e não encontrei, mas sei que elas existem. Oportunamente falarei com ela sobre a primeira comunhão.

A irmã Maria Olga me fez o tal convite e resolvi conversar com Meu Amigo Invisível, que me visitava sempre e conversávamos muito, falávamos sobre tudo. Sobre estes encontros aprendi a esconder do meu pai; aprendi, com o tempo, a evitar problemas. Descobri que todo mundo tinha segredos irreveláveis e decidi que este seria o meu. Sentia-me mal em ocultar estes encontros do meu pai e da minha avó paterna, sentia-me muito culpada, mas, por outro lado, elucidar estes encontros gerava brigas e desavenças entre o meu pai e a minha mãe; a minha mãe e a minha avó paterna; o meu pai e a minha avó materna — era uma confusão! Começavam brigando por divergências religiosas, e a briga se estendia para raivas e intrigas sobre suas diferenças pessoais. E aí a culpa era muito maior...

— Meu Amigo — assim começava os meus diálogos com o Meu Amigo Invisível — é pecado esconder do meu pai e da minha avó que continuo a lhe encontrar?

— O que é pecado para você?

— Mentir é pecado, mas neste caso eu acho que falar a verdade também é, por causa das brigas e dos xingamentos.

— Você quer que eu pare de lhe visitar?

— De jeito nenhum, esses encontros são muito bons para mim.

— Por quê?

— É bom aqui dentro, dentro do meu corpo. Eu não tenho medo de você. Você é bom para mim!

— Por quê?

Isto, naquela época, eu não sabia responder, ou pelo menos não com palavras, lógica e razão. Mas, Meu Amigo captava a intenção do meu querer e lá na intenção estavam as razões que, aos 9 anos, eu não sabia traduzir em palavras.

— O que você acha de eu fazer primeira comunhão?

— Não sei. E você o que acha?

— Ainda não sei. Irmã Maria Olga falou que é importante, que a hóstia simboliza o corpo de Jesus, que a hóstia é o pão da vida, um pão especial que vai fazer de mim uma verdadeira cristã. Tem até uma música, quer ouvir?

— Se você quiser cantar.

"É o pão da vida
é o pão do céu
que alimenta o homem
e marcha para Deus".

Cantei para ele e disse-lhe que ainda estava pensando no que a irmã Maria Olga afirmara, que as penitências não iriam voltar, mas que eu precisava confessar os meus pecados para o padre.

— É por isso que eu preciso saber se mentir sobre os nossos encontros é pecado.

— Você mente sobre outras coisas?

— Aqui em casa o meu pai e a minha mãe dizem que "quem não mente não merece castigo", mas basta falar de você que apanho muito do meu pai. Até se fizer uma "arte", se falar a verdade não apanha e nem fica de castigo, então eu não minto quando apronto. A única mentira mesmo é sobre nós, e mesmo assim, só minto para meu pai e minha avó, a mãe dele. Falo sobre você para minha outra avó, meus irmãos, minhas tias, até para a irmã Maria Olga. Estou pensando uma coisa agora, será que meu pecado precisa confessar?

Meu amigo se foi, como sempre sem responder as minhas perguntas. Será que ele acha que sendo eu, apenas uma criança com menos de dez anos, posso resolver sozinha?

Fui conversar com minha mãe sobre o convite para a primeira comunhão.

— Você é quem sabe! Eu fiz porque todo mundo fez, era a única opção na época, mas eu quero que você pense e veja se você quer.

Levei a questão para discutir com meu pai.

— Lá vêm essas freiras com essas ideias! Seus colegas vão fazer? Se todo mundo for fazer, melhor não ficar de fora. É um problema encontrar escolas para educar os filhos e essas freiras ensinam direitinho português, matemática... Não entraram na "Era de respondam com um "X", as tais respostas de múltipla escolha, forçam vocês a estudar, a aprender... Mas, por outro lado, vêm com essas histórias de religião. Você já tem esse jeito de ver espíritos e tudo mais, daqui a pouco vai virar freira; mas, se não deixo, pode ficar estigmatizada por não ser "cristã verdadeira"... É melhor fazer. O que você acha, Mércia?

— Eu acho que você precisa deixar de ser conveniente. Se você não gosta de rituais religiosos, por que não procura uma escola neutra para as crianças estudarem? Assim você confunde a cabeça delas.

Resolvi fazer a primeira comunhão, queria experimentar e, além do mais, eu adorava as músicas e, embora não assimilasse a ideia de um Deus que castiga, resolvi que iria fazer. Porém, três meses antes, adoeci; começou com uma pequena febre, o caso se agravou e parei de andar. Os médicos não tinham um diagnóstico preciso: "Dona Mércia, a febre é muito baixa para ser uma infecção perigosa, porém se prolonga e não desaparece com os antitérmicos. Vamos fazer exames."

Fizemos exames, muitos exames. Comecei a tomar remédios, injeções e a minha febre não cedia.

A minha avó paterna, interessada que eu fizesse a primeira comunhão, dedicou-se a estes preparativos.

— Isto é perturbação para a menina não fazer a primeira comunhão, tenho certeza! O padre da minha paróquia me confirmou isto. Ela quer voltar para os braços de Deus e o demônio quer impedir através da doença. Assim que comungar tudo se resolve.

Acreditei em minha avó.

Quando fiz a primeira comunhão já estava sem andar. O padre ficou de ir à minha casa para eu fazer a confissão, mas não pôde; ele morava longe e mandou um recado por irmã Maria Olga:

— Ele disse que você ainda é muito nova para possuir grandes pecados. A confissão fica para depois.

— Irmã, então eu cresço, faço os grandes pecados e vou ter o que confessar, não é?

— Aí vem você com as suas perguntas!

— E eu tenho outra. Ou melhor, mais duas.

— Faça-as então.

— Irmã, meus colegas têm a mesma idade que eu e eles foram obrigados a confessar. Sandra, a filha da Dona Tuda, me contou tudo, o padre disse que era obrigado. E aí, como é que fica?

— Fica que você faz a comunhão e confessa depois.

— Irmã, o que é pecado?

— Na sua idade é mentir para os seus pais, desejar o mal para os seus amiguinhos, não estudar as lições de casa...

— Irmã, meio pecado precisa confessar? — expliquei para ela a história do meio pecado. — Conto para a senhora, para quase todo mundo que falo com o Meu Amigo Invisível. Só escondo do meu pai e da minha avó, e a senhora sabe por quê. Então, irmã, meio pecado precisa confessar? Eu não minto tirando isto. Eu não minto para ninguém, não desejo mal aos meus amigos, faço as lições de casa, a senhora bem sabe porque é a minha professora. Só teria mesmo este meio pecado para confessar.

Minha mãe e irmã Maria Olga trocaram um olhar. Os adultos têm mania de conversar com os olhos quando as crianças estão por perto.

Minha mãe olhou para mim e disse com todas as letras:

— Se você contar para o padre que continua vendo o seu Amigo Invisível, as penitências vão voltar. Faça a primeira comunhão e pense nisso depois.

Assim fiz a minha primeira comunhão, sem confessar o meu meio pecado inconfessável.

Apesar da certeza de minha avó, a febre não foi embora e eu emagreci muito. Mesmo com os remédios eu piorava a cada dia, até que parei totalmente de me locomover. Muitos exames foram feitos, especialistas de São Paulo e do Rio de Janeiro foram consultados: "doença atípica", "comportamento atípico". Trouxeram um psiquiatra que não encontrou nada de errado comigo. Ele dizia que eu era uma criança sensível, muito inteligente e psiquicamente normal.

Não andava e não comia e, se insistisse em comer vomitava.

O Meu Amigo Invisível vinha me visitar e durante estes encontros eu conseguia me alimentar. Contei para o meu pai e para a minha avó sobre as suas visitas. Meu pai nada disse e minha avó resolveu que este meu amigo deveria ser um anjo e parou de implicar com ele.

Os médicos me internavam em hospitais, mandavam-me para casa e voltavam a me internar...

3. Mãe Helena

Um dia me levaram para conhecer Mãe Helena.

Mãe Helena era uma Yalôrixá que cultuava o Santuário da Natureza. Era uma senhora bem idosa, tinha mais de 80 anos, era muito negra, muito séria e extremamente perfumada. Sua casa era muito pobre, um casebre no meio do mato, e toda sua mobília era: uma cadeira, uma pequena mesa na qual jogava búzios, uma esteira na qual dormia e um fogão a lenha. Como eu estava muito doente e não sabiam o que fazer comigo, concordaram, já que eu queria, que passasse alguns dias com ela.

Aqui não vou me estender, com mais explicações, como fui levada à Mãe Helena, porque já contei esta história no livro *Chakras — a história real de uma iniciada*.

No começo houve muita discussão, mas graças a Deus, concordaram. Ficou combinado que só a minha mãe iria me ver nos dias marcados por Mãe Helena.

— O meu ritual é sagrado e secreto. Venho de uma linhagem do Benin, na África, e os meus antepassados eram homens e mulheres sábios. Ocultamos o nosso conhecimento para preservá-lo do desentendimento com a cultura branca.

— A senhora não é do candomblé? — perguntou minha mãe.

— Minha branca, o que é candomblé para você?

Lembrei de Meu Amigo Invisível, respondendo uma pergunta com outra pergunta.

— Não sei direito. O que sei é que Oxun é Nossa Senhora Aparecida, Iansán é Santa Bárbara...

Mãe Helena interrompeu minha mãe:

— O que você está dizendo me faz ver que você não conhece a minha cultura. O que você diz, foi criado pelo homem branco tentando associar a sua cultura à nossa. Os escravos que não concordaram com esse sincretismo foram mortos ou perseguidos. Se você quiser conhecer a minha crença e o meu trabalho, venha conviver comigo.

— Desculpe Dona Helena, estou repetindo o que ouço por aí.

— Eu sei minha filha, mas a verdade é totalmente diferente e, para preservá-la, nós a ocultamos. O Santuário da Natureza são as Energias que vêm da água doce, a Oxun que você falou; dos ventos e das tempestades, Iansán, e de outras tantas que não vou revelar agora. São Essências Espirituais Naturais que fluem através da força da natureza e se transformam em energia e eletricidade. Não é do movimento dos Elementos da Natureza que os homens tiram energia para transformar em luz elétrica? São destes mesmos Elementos que estou falando. A minha cultura utiliza o mesmo movimento dos elementos da Natureza para transformar luz elétrica com condições de se adaptar diretamente à mente e às almas humanas. Não os confunda com os espíritos que os espíritas falam: os Espíritos da Natureza nunca encarnaram, não foram homem nem mulher.

— E minha filha, Mãe Helena, o que tem a ver com isso?

— Todos nós, minha branca, temos uma relação direta com as Energias da Natureza: vivemos no mesmo planeta, comemos e bebemos estas Energias; porém muitos desconhecem. Sua filha é uma sensitiva, parece uma esponja, traz para seu corpo muitas energias e, se não tiver organização, se ela não aprender a lidar, vai adoecer mais ainda e pode até ser pior.

— Os médicos não nos deram muitas esperanças...

— Esperanças de quê, Dona Mércia?

— De minha filha sobreviver.

— Daqui a 40 dias sua filha estará boa, andando e brincando com as outras crianças, se é isso que você quer saber. Este problema dela é fácil resolver. O maior problema aqui é se vocês vão se abrir para compreender a filha que têm. Prevejo muito sofrimento, se não entenderem essa menina vão perdê-la, não para a morte, mas para a vida; ela vai viver longe de vocês. Escute o que estou lhe dizendo,

Dona Mércia.

Mãe Helena pediu à minha mãe que comprasse algumas coisas: panos, ervas, sementes africanas, que ela mesma costuraria algumas roupas.

— Como? Se a senhora não tem máquina de costurar?

— Oh, minha branca, agulha, palha, o ponto certo e as roupas da menina ficarão prontas.

Meus pais se foram. Agora éramos eu e Mãe Helena. Falei com ela sobre o Meu Amigo Invisível e sobre todos os outros espíritos que eu via.

— Você precisa aprender a diferenciar: seu amigo é um Ancestral de Luz, que já viveu aqui na Terra há muito tempo. Chamamos de Ancestral todo espírito de luz que trabalha para a espiritualidade.

— Mãe Helena, a senhora é espírita?

— Você se refere à religião espírita? Não! A minha religião é cultuar os Elementos da Natureza. Desta forma alinho-me com as forças naturais do nosso planeta e cultivo a minha espiritualidade. Cultuando uma religião com sinceridade e verdade cultivamos a nossa espiritualidade. O seu Amigo Invisível habita o mundo espiritual.

— A senhora conhece ele, Mãe Helena?

— Conheci esta manhã. Ele me avisou de sua chegada.

— Pensei que tivesse sido seu Humberto Farias...

— Foi também. Humberto me falou de uma menina branca que um desalinho energético fez adoecer. Disse-me que primeiro levaram você à mãe Menininha do Gantois, que sugeriu a ele que trouxesse você para mim.

— Por que, Mãe Helena?

— Bom, com o tempo você vai saber. O seu Amigo Invisível me falou mais sobre você. Disse-me que é uma criança com buscas profundas e que eu poderia ajudá-la a desenvolver opinião própria. Primeiro vamos mudar esse desajuste energético que estou vendo no seu campo elétrico.

— O que é isto, Mãe Helena?

— A eletricidade que percorre o seu corpo.

— Irmã Maria Olga disse que sou muito elétrica.

— Ela não mentiu. A sua eletricidade é vista a olhos nus.

Mãe Helena falava e cantava bonito. Ensinou-me a prestar

atenção aos meus sonhos, ensinou-me muito. Porém, nesta fase, aprendi pouco.

— Não se preocupe minha filha, o que lhe ensinei está aí em você, com você e é seu. Na hora adequada estes ensinamentos vão se manifestar. Aprender é assim, a gente vai ouvindo e cantando. Por falar nisso, cante sempre as cantigas sagradas que eu lhe ensinei. Estes cantos, na hora certa, vão se transformar em conhecimento e sabedoria e através deles você descobrirá muitas coisas. Agora vamos aprender a dançar. As cantigas serão as suas lições por muito tempo. O Ensinamento Africano está nos seus cânticos e enredos, que só um Iniciado sabe decifrar.

— Que bom, Mãe Helena! Tenho minhas pernas de volta, assim posso aprender a dançar.

— O seu Inkince, Bessém, transmite energias de sabedoria e união. Também transmite forças que unem o céu e a terra enquanto dança, por isso você precisa dançar.

Ela me ensinou que um Inkince é um Espírito da Natureza; que todos nós nos conectamos com um Inkince assim que nascemos, cuja função é nos ensinar e nos ajudar a sair do labirinto da rota cármica e dármica.

— Os espíritas, amigos de minha avó, também falam de carma e de darma.

— São Conhecimentos Ancestrais. Há mais de seis mil anos o Egito, na África, e a Mesopotâmia estudam e pesquisam por que encarnamos, o que viemos fazer neste planeta e como vamos embora para não voltar mais. Chega o momento em que nossa alma já está satisfeita com as lições que podemos aprender aqui e anseia por outros mundos e espaços. Mas, enquanto não vamos embora de vez, precisamos conhecer a rota cármica para não entrarmos nela, e a rota dármica para vivermos na terra sem contrair dívidas, dízimos ou carmas com este chão e com os nossos semelhantes.

— Minha avó diz que todo mundo tem carmas.

— Se tem, não precisaria ter. Adquirimos carmas por desconhecermos a rota dármica, que para cada um é uma. Se a sua família tivesse procurado compreender com mais profundidade as Leis Divinas, tivesse lhe ensinado e você quisesse aprender, não teria ficado doente.

— Mãe Helena, a minha doença é um carma?

— É! Porque você está em uma rota cármica, a rota do desconhecimento.

— A senhora me ensina a sair desta rota?

— Primeiro vou lhe estabilizar e ensinar como se manter na rota cármica sem prejuízos para a sua saúde. Você vai crescer e daqui a alguns anos vai conhecer alguém que lhe ensinará a sair desta rota. Preste atenção ao que eu vou lhe dizer: só decida aprender a sair da rota cármica e entrar na rota dármica se for isto o que você quer. Tudo tem um preço, menina! Quando crescer entenderá melhor. Existem pessoas que procuram a rota dármica apenas para se livrarem de doenças e dificuldades, e este não é um bom motivo para trocar de rota. Quando aprendemos sobre a rota dármica, se desistimos dela, isto sim se transforma em uma dívida: dívida com a gente mesmo, com a nossa consciência e com o nosso processo evolutivo. Como disse, vamos cuidar de sua saúde, o que lhe ensinarei dará um tempo, que eu não sei exatamente quanto; digamos que seja um intervalo para você crescer com saúde e fazer a sua escolha.

— Mãe Helena, olho para a senhora e sinto vontade de perguntar muitas coisas, mas eu penso, penso e não sei o que é.

Ela me olhou por alguns momentos e, dentro de um sorriso enigmático, respondeu:

— É a sua sensibilidade. Ela faz com que você sinta o nascimento da pergunta na alma, mas ainda não deu tempo de brotar na sua cabeça.

— Todo mundo diz que tenho essa tal de sensibilidade, mas não sei o que é isso.

— Todas as pessoas têm sensibilidade e o que difere, uma das outras, é a quantidade e a qualidade desta sensibilização. Em algumas pessoas, como você, a sensibilidade ultrapassa o corpo emocional e atinge espaços profundos da alma, abrindo muitas vezes uma estrada até o espírito. É menina, tem muita coisa para você aprender... aprender ou lembrar o que já sabe. A nossa alma viaja no tempo. Sabe-se lá por quantas encarnações você já passou? Quantos nomes já teve? O que já não aprendeu por aí? O espírito é sempre o mesmo, ele guarda todos os aprendizados que a alma vai fazendo ao longo das vidas.

— Mãe Helena, dá uma agonia que parece nervoso — pensando bem, sempre sinto isto, principalmente na escola. A professora vai falando, ensinando e vai dando esta agonia; só que aqui, com a senhora, não me dá vontade de sair correndo.

— Oh, menina, e na escola você corre?

— Tenho que correr. Na minha escola tem um quintal enorme, eu corro, subo e desço das árvores.

— E se você não correr, o que é que acontece?

— Minhas pernas começam a balançar, meus braços ficam duros, parece que minha língua vai dar um nó.

— E sua professora, o que diz disto?

— A minha professora atual, a irmã Maria Olga, é muito boazinha. A professora da outra escola não entendia nada, achava que eu estava sendo malcriada. Irmã Maria Olga gosta. Subo nas árvores, tiro as mangas, as cajaranas, os cajus e todo mundo come no recreio.

— Benza Deus! Pede para sua mãe te manter nessa escola.

— Agora não dá mais, eu cresci e lá não tem curso para mim.

— Coitada da sua mãe. Nas suas orações peça a Deus que, através do seu Inkince, magnetize uma outra escola que te aceite. Esta vontade de correr é a força da eletricidade que já nasceu com você e, como você não sabe canalizar, transforma-se em ansiedade. Depois da Iniciação você saberá comandar a sua rede elétrica.

— Eu ainda não entendi direito essa história de sensibilidade.

— Direito, direito, a gente não aprende nunca, até porque a cada dia a vida nos traz um fato novo e a cada fato você irá aprendendo a conduzir a sensibilidade.

— Minha avó disse que eu sou médium.

— Mediunidade e paranormalidade são rótulos criados pelas religiões e pelos estudiosos para classificar um sensitivo. Se você, quando crescer, escolher a religião espírita, aprenderá a chamar a sua sensibilidade de mediunidade; se preferir outros tipos de caminhos filosóficos irão lhe ensinar a se rotular como paranormal.

— Já sei o que vou fazer: vou deixar cada um me chamar como quiser, por que, cá dentro da minha alma, já sei que o que eu tenho é sensibilidade.

— Você está com 12 anos e na sua idade algumas pessoas já faziam coisas bem grandes. Você sabia disso?

— Não!

— Mas é verdade, menina. A idade do corpo é totalmente diferente da idade da alma. A maioria das pessoas paralisa a sensibilidade nas emoções e, em função disso, não acessa a idade da alma. Você está entendendo?

— Eu estou entendendo que tenho duas idades: uma da alma, que não sei bem quanto, e uma para o corpo, que são 12 anos.

— Muito bem! É a idade da alma que traz maturidade, inteligência e condição de escolha. Lute para que as pessoas respeitem a idade que você escolher. Quando disserem que é muito nova para tomar suas próprias decisões...

— Já sei, é porque estas pessoas não sabem que a alma tem idade.

— Para tomar suas decisões basta que você respeite a idade da sua alma.

— Mãe Helena, enquanto a gente conversava, duas perguntas, que vieram da minha alma, já estão na minha cabeça. A senhora me disse que o meu Inkince, Bessém, quando dança une o céu e a terra. Será que é por isso que eu vejo as almas do céu?

— Continue pensando nisso, você chegará às suas próprias conclusões. Os Conhecimentos Ancestrais começam a emergir da sua alma e é muito importante que eu não fique respondendo às suas perguntas. Se daqui a uns dez anos, com tudo o que você vai viver e experimentar através dos rituais do seu Inkince, não tiver as respostas, eu as responderei.

Olhei para Mãe Helena e pensei: "Mas ela já está tão velhinha, será que vai me esperar?"

Lendo os meus olhos e os meus pensamentos, rindo muito, me respondeu:

— Não espere que ninguém lhe espere. Anda menina, corre! Você não corre na escola? Corre agora para buscar o meu adjá!

Tocando o instrumento sagrado em volta do meu corpo, cantou:

"Oxunmarê, lê, lê, marê, Oxunmarê,
Oxunmarê olha a dan..."

No primeiro minuto estranhei, mas... de repente, "uma dança" — que veio não sei de onde — fez o meu corpo balançar. Quanto mais ela cantava, mais tudo fazia sentido. Era como ler um livro: tudo muito claro, tudo muito certo. Como explicar para quem não dançou a dança da Natureza? Quem dança sabe que nenhuma palavra precisa ser dita.

Minha cabeça foi sumindo, levando com ela Mãe Helena, a casa, as perguntas, o nervoso, a agonia e o meu coração foi chegando, trazendo com ele uma certeza: tudo estava bem, eu não voltaria a ficar doente, bastava não parar de dançar.

Passaram-se alguns dias e minha mãe veio me visitar.

— Você está diferente com estas roupas e com este lenço na cabeça. Cadê o meu beijo?

— Mãe, vou beijar daqui. Estou "recolhida" e você chegou da rua trazendo algumas impurezas que não percebe. Tomei banho de ervas para retirar estas impurezas que estavam comigo e preciso ficar um tempo assim. Mãe Helena disse que, daqui a alguns dias, vai me ajudar a criar um campo energético de proteção para eu voltar às ruas e não ser atingida por estas energias densas e impuras de atritos, discussões, roubos, medos e atropelamentos, que circulam soltas pelas ruas. E isso aqui não é lenço, é Ojá!

— Você é a minha filha mesmo! Não para de falar! E algumas pessoas me disseram que eu ia achar você esquisita, diferente, por estar aqui na casa de Mãe Helena fazendo este trabalho! E quem disse a você que eu não sinto essas energias impuras que você descreveu?

Mãe Helena saiu da cozinha e veio até nós.

— É mesmo, Dona Mércia? Que bom! A sensibilidade é presente na sua família e isto a ajudará a compreender sua filha.

— O que eu não sabia, Mãe Helena, é que há este campo de proteção que as impede de nos atingir.

— Oh, menina, vai até o pote de barro e prepare um banho para sua mãe. A senhora quer, Dona Mércia?

Passamos o dia assim, falando sobre Inkinces. O Inkince da minha mãe era Oxun, a Energia da Natureza que estimula a fertilidade e o adoçamento das almas.

Fiquei pensando nas chineladas da minha mãe, na sua mão forte na nossa bunda. Será que ela não estava conectada com a docilidade do seu Inkince? E aí pensei que ela era muito preocupada com a gente, em nos educar para que fôssemos felizes — "Eu não quero filhos maravilhosos, eu quero filhos felizes", dizia ao meu pai, à minha avó e a todo mundo.

A docilidade da minha mãe estava nos seus pensamentos e nos seus sentimentos, enquanto o chinelo "cantava" solto para levar a gente para onde a gente quisesse ir, contanto que fosse educado e respeitoso com os mais velhos.

Depois, conversando com Mãe Helena, ela confirmou que os nascidos com o Inkince Oxun têm um talento natural para equilibrar a docilidade e a fertilização, para tanto misturam doçura e determinação.

— Mãe Helena, e quais seriam os outros quatro Inkinces presentes na alma de minha mãe? Já sei que todas as pessoas, ao nascerem, magnetizam da natureza cinco Inkinces, que são cinco forças para estimular o desenvolvimento da humanização.

— É isso mesmo, menina! Sobre os Inkinces de sua mãe, fica para depois. O homem quando nasce é uma massa bruta e muito perigosa, principalmente depois que aprendeu a dominar os outros habitantes deste planeta — aprendeu até a escravizar um ao outro! Lá no início dos tempos, os homens aprenderam a acordar em suas almas o primeiro Inkince e, a partir daí, aprenderam a pensar e raciocinar. Com o passar dos tempos, aprenderam a acordar o segundo Inkince e desenvolveram as emoções e os sentimentos. Aprenderam a sonhar, a amar — um amor não burilado, desses que a gente vê até os dias de hoje — e saíram pelo mundo; inventaram barcos e navios, conquistaram outras terras, aniquilaram outros homens por terem culturas diferentes. Os mais fortes engoliram os mais fracos e alguns, fracos de músculos e de dinheiro, mas fortes de pensamento e sentimento se esconderam dos colonizadores por dentro das matas da África e da Austrália e ficaram lá, quietinhos. Aprenderam a não querer poder, a não querer dinheiro e também aprenderam a acordar os outros três Inkinces.

— Puxa, Mãe Helena, quanta coisa a senhora sabe! E meu pai vive lhe chamando de ignorante.

— Posso ser ignorante dos conhecimentos da Cultura Branca, embora eu respeite o que não conheço. O terceiro Inkince nos dá direção e discernimento. O quarto Inkince recebe as influências dos três primeiros e distribui pelo nosso corpo. Se esta distribuição for misturada com energias impuras ou energias de obsessores, que na Cultura Afro chamamos de "gangas", espalha-se doença no corpo, inversão de valores e falhas de caráter. O quinto Inkince recebe este "bolo", esta "mistura" e espalha no campo elétrico, atrapalhando ou favorecendo nosso caminho pelo mundo. A função da Cultura Africana é burilar a rede elétrica humana, oriunda das Energias da Natureza; burilar o caráter e a ética, para que não haja esta inversão.

— Mãe Helena, o meu primeiro Inkince é diferente do Inkince da minha mãe. O meu é Bessém e o dela é Oxun, os outros quatro também são diferentes?

— Minha filha, cada um de nós é único. Na verdade, ninguém é igual a ninguém.

— Minha mãe diz que "cada cabeça é um mundo e que cada mundo é um universo".

— Tem muita sabedoria nestas palavras da sua mãe. O problema é que todo mundo quer ser igual, e se distorcem para isso. Quando conseguem igualar um grupo, determinam uma hierarquia pela força e "quem tem unha maior sobe na parede". Aí nascem essas "coisas" assim, parecidas com você, para sacudir o mundo e lembrar que as diferenças existem. Já fizemos a primeira parte do seu trabalho, você já está andando, já sabe cantar para o seu Inkince e orar o *Oni Sai Orê*. O seu Inkince respondeu no barracão e deu o nome dele. É só manter os banhos nos dias certos e principalmente identificar as pessoas que se aproximarem de você: se começar a se sentir fraca, dê um jeito de sair e entrar em contato com a força do seu Orixá.

— Orixá?

— É minha filha. Inkince e Orixá são a mesma coisa, mas se popularizou mais o termo Orixá. Eu prefiro Inkince porque veio com a minha Família de Santo, minha Herança Ancestral. Com o passar do tempo popularizou-se chamar Inkince de Orixá. Prepare-se para ir para casa.

— Mãe Helena, e meu pai?

— Você vai sofrer muito com ele, porque o seu pai escolhe estabelecer relações através do sofrimento e da dor. E não é só com você que ele é assim, é?

— Não, Mãe Helena, meu pai implica com tudo e com todos. Até a mãe dele "fica de mal" dele às vezes...

— Com o tempo você vai aprender a não ser arrastada pelos sofrimentos que seu pai escolhe passar e arrastar quem não está centrado em si mesmo.

— Mãe Helena, você disse que meu pai *escolhe* ter relações através do sofrimento?

— É, minha filha, no fundo o seu pai não encontrou forças para fazer a carreira que queria, é o menino grande da sua avó e isto dói muito dentro dele, mas o orgulho não o deixa admitir e a arrogância faz com que ele se imponha aos mais fracos...

— Isto é verdade, Mãe Helena. Com os mais fortes o meu pai evita confusão, só bate em minha mãe e na gente porque não temos forças para enfrentá-lo. Quando chega alguém para nos defender, fica manso, manso, chora e quer virar a vítima da história.

— Sei disso. Você está escolhendo outro caminho, o de pagar os preços das suas escolhas. Por ter resolvido ficar aqui comigo terá problemas com ele quando chegar em casa — isto é pagar o preço pelas escolhas. Você com 12 anos é mais madura, tem mais força de escolha que o seu pai, e isto mexe muito com a arrogância dele. Não tenha pressa, procure não conversar com seu pai assuntos que ele não gosta. Com o tempo você vai aprender a lutar pelo seu mundo e escolher quem participa, ou não, dele. Não esqueça os resguardos!

Minha mãe chegou para me buscar, junto com o meu pai. Tomei a benção à Mãe Helena e fui ao quarto dos Inkinces tomar a benção a Eles.

Seguimos no carro calados. Também não vou me estender neste trecho que já relatei no livro *Chakras — a história real de uma iniciada*.

4. Os conselhos de Dona Mércia

"Cada cabeça é um mundo e cada mundo um universo. Ninguém é igual a ninguém! Alguns são puramente materialistas e outros, a maioria, é religiosa ou espiritista e o máximo que conseguem acreditar de Deus e da espiritualidade é que eles existem para servir — na minha opinião, minha filha, são mais ateus que os primeiros, os materialistas. Há, ainda, uma pequena minoria que busca os caminhos espirituais com virtude, que sabe que existem forças para auxiliarem o nosso crescimento e que, por isso, não se ocupam com os nossos desejos materiais e superficiais."

— Mãe, onde você aprendeu tudo isto?

— Lembra quando o seu Amigo Espiritual, o "Homem do Pão", sugeriu que eu lesse os livros do Francisco Candido Xavier? Então, eu li! Li muitos! Li também os livros do Alan Kardec e aí deixou de ser uma curiosidade porque vi que havia sentido no que estava escrito. Sei lá, me mobilizou e eu comecei a frequentar o centro espírita que a sua avó Dulce frequentava.

— Mãe, e quando foi isto? Eu não sabia que você frequentou casas de espíritos!

— Eu ia escondida por causa do seu pai. Não contei para vocês com medo que falassem e não queria ensiná-los a mentir para o seu pai. Frequentando este centro percebi que a teoria é uma coisa e a prática é outra coisa. Na teoria, o mesmo "lenga-lenga" que a igreja católica, purgatório para eles é umbral, e o céu, e o inferno. Isto é muito cobrado dos fiéis, é quase uma ameaça: se não perdoarmos os nossos inimigos não alcançamos luz.

— Mãe, isto aí foi Jesus quem falou.

— Pois é, e eles repetem. No entanto, a filha do dono do centro espírita engravidou de um homem casado. Ele botou a filha para fora de casa e a proibiu de procurar ajuda dele ou de qualquer familiar. Disse mais: que quem ajudasse a ela, que se esquecesse dele. Então é isso minha filha: uma coisa é pregar uma vez por semana e outra é trazer o que prega para o cotidiano. Eu e a sua avó ficamos chocadas com a atitude incoerente deste homem e fomos para outro centro, e outro, e outros. Hoje não vou mais a nenhum. Na minha opinião é um encontro social, naquela hora todos são virtuosos e até o riso deles se parece. Eu e sua avó andamos por mais de dez centros espíritas e era a mesma coisa, rezar pelos "irmãozinhos inferiores que estavam perdidos no mundo do vício", mas eu não via nestas pessoas diferenças dos tais "irmãozinhos inferiores": é advogado espírita passando perna nos outros; juiz corrupto; o irmãozinho que saía com a mulher de outro irmãozinho; discriminação sexual; discriminação racial; e discriminação com outras religiões. Na superfície, todos se vestem de branco e se sentem privilegiados. Eu acho este pessoal esquisito, como é que aponta desvirtude nos outros e se acha virtuoso para pacificar pessoas? Para curar pessoas? "Cego guiando cego".

— Mãe, Jesus também falou isto.

— Pois é, minha filha. Conheço pessoas que são extremamente materialistas e fazem o bem pelo bem, por suas virtudes e ética interna. Então, eu conclui — mas que fique bem claro, esta é a minha opinião — que religião nenhuma vai fazer nada por ninguém, a gente é que tem que fazer pela gente. Quando uma pessoa procura uma religião também procura um modelo no líder religioso. E quando você descobre que tudo é bazófia, é muito frustrante. Mas existem pessoas boas em todos os lugares, não acredito que a bondade e a honestidade destas pessoas é por causa da religião que elas praticam. A religião é um veículo para expressarem o que já têm no coração. Você não viu o que aconteceu com a Mãe Helena e com outros amigos dela?

— Não! O que foi?

— Você não a vê repetir toda hora que é uma dissidente do candomblé?

— Mãe, e o que é dissidente?

— É quando você se afasta de um grupo por não concordar com as atitudes deste grupo. Então Mãe Helena, quando viu que as coisas sagradas da sua religião estavam sendo invadidas por pessoas que não as estudavam com profundidade e saíam escrevendo livros, interpretando segundo os seus preconceitos — isto é uma coisa que você não deve fazer com nada. Só opine quando tiver um conceito: isto sim é uma virtude — e por não concordar com o que estava acontecendo com o candomblé, Mãe Helena e alguns amigos, que eu não conheço ainda, se afastaram e se mantiveram dentro da coisa como tinha que ser.

Minha mãe referia-se às queixas que Mãe Helena tinha de casas de candomblé que utilizavam as Energia da Natureza para ajudar pessoas a conquistarem bens materiais. Ela acreditava — e hoje, aos 46 anos eu também acredito — que este tipo de trabalho diminui a evolução das Energias do Santuário da Natureza. A função dos Orixás ou Inkinces é nos alinhar, é nos fortalecer para que nós mesmos cuidemos, com escolha e ética, de como ganhar dinheiro, como resolver um problema imobiliário, como resolver uma briga com alguém. As Energias da Natureza, cada uma delas, desenvolvem uma virtude em nossa alma. Conduzir a eletricidade destas Energias para o materialismo desvia e corrompe o estado natural da Essência das Árvores, da Essência das Águas, da Essência do Ar, da Essência do Fogo, das Essências dos Inkinces ou Orixás.

Algumas casas de candomblé começaram a cultivar as Energias para atingir pessoas, para vingar pelo seu "cliente", fortalecendo a parte instintiva da rede elétrica do Orixá ou Inkince, preferindo cultivar a parte da rede elétrica do Orixá, ou Inkince, mais luminosa. Isto fez com que Mãe Helena e outros Babalorixás e Yalôrixás que conheci se fechassem em suas casas, cultuando em segredo o sagrado. Quando as pessoas os procuravam para ajudarem a vender suas casas, eles respondiam: "Minha filha, procure uma imobiliária"; quando vinham os chorosos, por acharem que tiveram perda e queriam vingança, eles respondiam: "Os Orixás e os Inkinces não são vingadores, são Energias que constroem a união. Procure um advogado ou um delegado para resolver o seu prejuízo". Havia até aqueles que os procuravam pedindo trabalhos para ajudar na conquista de um namorado ou de uma namorada. E eles respondiam: "Pra que você quer isso, menino (ou menina)? Atrelar alguém a você que não está com você por você. Isto não dá certo! E os Orixás e Inkinces não trabalham para o correio do coração, para agências matrimoniais". Estas atitudes reduziam, e muito, o público destas casas. Porém, quem ficava solidificava o trabalho, tornando a casa forte em luz, desenvolvimento energético, elétrico e espiritual.

— Mãe, você é do candomblé?

— Não, mas com Mãe Helena aprendi a acreditar nas Forças da Natureza. Para alguns, minha filha, religião é rótulo, para outros é conduta de vida. Os Orixás, para Mãe Helena, são conduta de vida e isto ela vai lhe ensinar. Mas, pelo que já percebi, são conhecimentos muito profundos, e você vai precisar estudar e se dedicar muito, porque precisa desta filosofia de vida proposta pelos Orixás ou Inkinces.

— E o que você entendeu desta proposta, mãe?

— Minha filha, quem sou eu para lhe responder? Entendo que há uma energia adequada para lidar com cada situação, e que nesta energia há muita eletricidade que comanda à nossa maneira de pensar, de sentir e de agir e se, esta eletricidade tiver falhas, estas falhas estarão também no nosso comportamento.

— Mãe, então adoeci porque tinha falhas na minha energia?

— Mãe Helena disse que sim. Estas falhas foram provocadas pela falta de compreensão que nós, sua família, temos com você.

— Mãe, você não me compreende?

— Não! Mas isto não significa que não gosto de você. Antes de você nascer eu pensava que ter filho era dar comida, mandar para a escola, educar para virar gente, corrigir os erros e elogiar quando fizer coisas boas. Para mim era só isto, ou melhor, tudo isto. Você é a minha primeira filha, e quando te mandei para a escola já sabia ler e escrever. Quando se pega num erro você mesma se corrige, tem uma visão de mundo muito ampla, como se todos fossem seus amigos, como se o mundo fosse uma grande família. Você não adquiriu os preconceitos da nossa família.

— Quais preconceitos, mãe?

— Você não vê que o seu pai e a sua avó não gostam de negros?

— Já, já vi.

— E o que você acha sobre isto?

— Eu acho uma bobagem!

— E seu irmão?

— É.... ele vive repetindo o que meu pai fala. Já tentei conversar, mas concluí que ele nem sabe que está falando bobagem.

— Tá vendo! Se o seu pai e a sua avó estivessem aqui iriam escutar você chamando-os de bobos. Você acha que eles iriam gostar?

— Mas, mãe... Não é uma bobagem?

— Também acho, minha filha. Mas, o mais comum são os filhos repetirem o comportamento dos pais e você é diferente da gente em muita coisa.

— É por isso que o meu pai briga muito comigo?

— É, ele tem um futuro traçado para você, tem sonhos e você não dá nenhuma importância. O que você quer ser quando crescer?

— Mãe, estou com 13 anos, já preciso saber isto agora?

— Pois é, você não percebe, mas quando diz ao seu pai que não quer ser advogada, que não quer seguir carreira diplomática, que não quer fazer medicina, que não quer trabalhar no banco, como ele; dizendo o que não quer, de certa forma, está escolhendo o seu próprio caminho e seu pai não aceita isto. Ele quer conduzir vocês por que acredita que sabe o que é melhor.

— É mãe, eu sei o que não quero, mas não sei o que quero.

— O que você sabe destas profissões para rejeitar com tanta força quando o seu pai fala?

— Mãe, a história da força é outro papo.

— Como assim?

— Porque acho que o meu pai só ouve quando a gente fala com muita força.

— Como você chegou a esta conclusão?

— Pela forma como ele sempre fala. Então, se ele sempre fala com muita força, só vai ouvir um "não", se for um "não" bem forte.

— Você não percebe a sua maturidade. Para você, é normal a sua lucidez, o seu discernimento. Você desarticula os seus professores, o seu pai e a mim, mas sei que não faz por mal. Para você é normal os seus questionamentos e as suas preocupações. Quando está com os seus amigos você fala sobre estas coisas?

— Não!

— Por quê?

— Ah, eles não gostam desta conversa...

— O que é que eles não gostam?

— Ah, sei lá, mãe.

— Dá um exemplo.

— O "Tá no nível", por exemplo.

— "Tá no nível", o maluco?

— Pois é, mãe, eu não acho que ele é maluco.

— Menina do céu! O homem anda pela rua catando papel higiênico usado para enrolar no corpo e sair andando pela rua e você acha que ele não é maluco?

— Acho não, mãe. Tenho certeza que ele não é!

— Por quê?

— Porque conversei com ele e perguntei por que faz isto. Ele me respondeu que as pessoas são muito sujas, desumanas e falsas, então se enrola no papel higiênico sujo para "tá no nível" e por isto que fica repetindo: "Tá no nível! Tá no nível!". Vai ver ele foi nos centros espíritas que a senhora foi e usa isto como uma denúncia. Eu não sei explicar direito, mas quando o vejo enrolado no papel higiênico sujo, andando pela rua, dizendo que "Tá no nível!", lembro das fofocas da Dona Iná com a Dona Fininha sobre as filhas dos outros; lembro do meu pai batendo na senhora e na gente e dizendo pra todo mundo que ele não faz isto, que é um intelectual; todo este papo que tivemos sobre gente falsa. Na minha opinião ele está denunciando que, para viver com este tipo de gente, precisa "estar no nível" e, cá pra nós, mãe, tem muita gente aqui que só não está enrolada de papel higiênico sujo, mas que faz muita sujeira e fala muita mentira.

— Minha filha, posso lhe pedir um favor? Não repita esta conversa com mais ninguém.

— Por quê, mãe? O que eu estou dizendo está errado?

— Não, não é por isso, é justamente pelo contrário. Eu mesma nunca tinha pensado, nunca tinha visto o "Tá no nível" deste jeito que você vê, mas você falando, agora eu vejo. Tem muita razão na sua fala, mas as pessoas não vão compreender, vão achar que você está sendo agressiva, espótica, como o seu pai lhe chama.

— Isto é que é muito ruim pra mim, mãe. Eu nunca sei o que posso e o que não posso falar.

— Foi exatamente por isso que você adoeceu. A eletricidade dos Orixás lhe curou porque sua doença era provocada — e ainda pode continuar sendo — por este bloqueio que você sente. Percebo isto, vejo você como um peixe fora d'água. O que posso fazer é rezar para que encontre pessoas parecidas com você ou, pelo menos, pessoas que a compreendam. Quer dizer que você anda conversando com o "Tá no nível"?

— E muito. Adoro conversar com ele e não acho que é maluco. Ou então vai ver eu sou maluca, como o meu pai diz.

— Não minha filha, você não é maluca. Você é diferente, tem valores diferentes dos nossos e uma visão de mundo diferente da nossa. E, quer saber, acho que você está certa. Por isso vai precisar de muita força, porque a incompreensão, as falsas interpretações, estarão sempre no seu caminho. No que puder ajudar, você sabe que pode contar comigo. Mas me preocupo muito com você.

— Mãe, você preferiria que eu fosse diferente, não é?

— Não minha filha, nunca pense isto! O que eu preferia é que o mundo fosse diferente, para caber você nele. É muito triste para uma mãe ver o filho pelos cantos, ver o mundo matando a sua espontaneidade; o medo que vejo em seus olhos por nunca saber o que dizer e errar sempre.

— Como assim, mãe?

— Quando você é fluida, como você está sendo comigo aqui agora, muitas pessoas poderiam achar que você está falando coisas erradas. Vejo você tentando agradar o seu pai, mostrando o seu boletim escolar com notas altas. Ele não briga com você?

— Parei de mostrar o boletim porque ele brigava.

— Pois é, minha filha, até quando você tira boas notas na escola há quem diga que você está errada. Você sabe por quê?

— Não, mãe.

— Porque você prova que não é maluca, que tem capacidade de aprender. Aí você vem com a história que vê espíritos e ninguém pode te chamar de maluca, porque dá conta da sua realidade. Sendo assim, denuncia que existe uma realidade que as outras pessoas não conhecem e não estão interessadas em conhecer, porque teriam que mudar muitas coisas em suas vidas e não estão dispostas a isso. Preferem ser surdas aos valores que você fluidamente expressa e te rotulam como "maluca", inadequada... Mas Deus dá o frio conforme o cobertor, e eu confio que você encontrará o seu caminho.

— Mãe, acho que estou entendendo o que você quer dizer, não com as suas palavras, sinto uma coisa no meu coração que me faz entender o que você está dizendo, mas minha cabeça fica oca com as suas palavras rodando.

— Vá brincar, minha filha, tanto eu quanto você precisamos descansar desta conversa.

Minha mãe queria terminar a conversa, mas eu queria continuar aproveitando que ela estava calma e que a gente estava se entendendo. Eu ainda queria esclarecer algumas dúvidas:

— Mãe, você começou falando sobre as diferentes visões das pessoas sobre espiritualidade. E eu?

— Vou ser bem honesta. Você precisa desse caminho para sua sobrevivência. Procure selecionar, dentre tantos que vai conhecer, os virtuosos. E não se esqueça: estes são a minoria.

— Como vou identificá-los?

— Vai ser muito fácil! Não tem nenhum segredo! Compare os discursos às ações. Analise se o que a boca fala corresponde ao comportamento das mãos. Fuja dos ocultistas e dos religiosos que querem determinar um caminho para ser obedecido, os seus discursos são impregnados do que é certo e do que é errado, do que é céu e do que é inferno, do que é bem e do que é mal.

— Mas, mãe... isto que você está falando tem em tudo.

— Menina! Escute o que estou falando! Abra os seus ouvidos para ouvir! Eu já lhe disse que a virtude está na minoria, infelizmente é assim. E você está muito longe de ter visto tudo, a sua afirmação é inocente e pueril.

Sobreviver. Uma palavra nova. Um pensamento novo. O que quer dizer minha mãe com "Você precisa das forças espirituais para sobreviver"? Sobreviver não é comer? Dormir? Respirar?

— Mãe, dá para a gente conversar mais? Você me disse que preciso das forças espirituais para sobreviver. Todo mundo fala que sobrevivência é estar em pé, comendo e respirando, para isto basta estudar e trabalhar.

— O que você quer ouvir de mim? Quando você se afasta de Mãe Helena, das comidas e das rezas, você fica em pé? Consegue estudar? Até de comer você para. Eu não sei falar mais do que isso, não posso lhe ajudar. O que sei sobre essas forças? Sobre o mundo espiritual? O que sei, minha filha, foi o que me ensinaram, o que li nos livros, o que eu ouvi nas igrejas e nos centros espíritas e nada disso serviu para você.

— Como não, mãe? A Mãe Helena me ajudou.

— Ela faz parte dessa minoria. E até conhecer a Mãe Helena, eu fazia parte daquele segundo grupo que te descrevi.

— Os ateus? Que procuram as forças espirituais para questões materiais e superficiais?

— Esses mesmos! Eu nem sabia que havia algo mais profundo que isto. Eu ia ao centro tomar passes para me purificar da influência de espíritos inferiores, que poderiam me levar a brigar com o seu pai ou adoecer, enfim, ter prejuízos. Com a sua história de vida, estou aprendendo que, para afastar o que a gente não quer, é preciso um comportamento, um alinhamento; saber a qualidade do dinheiro, saber para quem a gente escolhe trabalhar, saber o que a gente patrocina no mundo, saber para quem, e para o quê, a gente entrega o nosso sangue, o nosso suor.

— É tão complicado...

— Pois é, para mim nunca foi. Eu achava que estava tudo certo, que bastava não matar, não roubar, não ferir com as próprias mãos, mas é tudo muito maior. Para mim, e para todos que conheço, bastava trabalhar, estudar — estudar qualquer coisa, trabalhar para qualquer patrão, contanto que fosse legalizado e institucionalizado — sem profundas reflexões. Fui vivendo e vejo a maioria vivendo. Dei a você o que dei a seus irmãos e eles estão aí, vivendo. Você, eu quase matei.

— Não fale assim, mãe! Você não tem culpa de nada!

— Será, minha filha? O que sei é que precisei ver uma filha minha quase morrer para procurar caminhos mais sinceros, uma espiritualidade pura, pessoas que não falam o que a gente quer ouvir. Pessoas como a Mãe Helena que abriu os meus olhos para as forças, para um Deus, para uma espiritualidade que a gente ouve falar todos os dias, mas que na verdade não pratica nunca. A gente vai vivendo sem pensar, foge dos pensamentos, dos incômodos e da consciência. Como é que você diz naquela música que você canta?

— "Liga o som e desliga o mundo".

— É isso aí! Uns tomam cerveja, outros se justificam com aquela máxima: "Quem tem unha maior que suba na parede". E vão levando. Não sei... Se não fosse por um filho meu se eu pararia para pensar.

— Desliga o som e liga o mundo. É, cada cabeça é um mundo.

5. Casas Astrais:
Ata de reunião sobre o início dos anos
1970 no calendário terrestre

O zelador Baltazar abre o diálogo:

— Queridos amigos, o principal motivo deste encontro é, mais uma vez, reunirmo-nos para somar nossos conhecimentos e conclusões sobre o aumento da comunicação entre a esfera terrestre e o plano espiritual. Todos concordamos que os sensitivos, entre os encarnados, desenvolveram uma potencialidade mental, através dos órgãos dos sentidos, de nos perceber e contatar, até mesmo estabelecer contatos visuais e auditivos conosco.

O Zelador Baltazar pede ao Zelador Alcir para explanar suas observações.

— No início da década de 1960, resolvemos que eu voltaria a trabalhar com os mentores espirituais que orientam diretamente as pessoas na esfera material. Afirmo, sem sombra de dúvidas, que nesta última década o número de sensitivos se multiplicou. Há pessoas que nos captam e nos percebem sem o conhecimento mental da nossa existência, relatam sentir e intuir que há mais alguém no ambiente.

— E a qualidade da comunicação? — perguntou Baltazar.

— O contato se mantém entre nós e o sistema nervoso periférico, mas há pessoas nas quais este contato se amplia até os órgãos dos sentidos. Acrescento uma observação no mínimo interessante: não é incomum encarnados estabelecerem comunicação com os desencarnados em espaços públicos, parques, pontos de ônibus ou praia sem saber que estão conversando com espíritos. Quando chega alguém que os questiona com quem estavam falando, assustam-se e param de ver e ouvir. Este susto não tem origem apenas na conclusão de que estavam conservando com o "vazio", somam-se a seu emocional energias inferiores eliminadas por espíritos que não aceitam o desencarne, que relutam em continuar o tratamento no mundo espiritual e se mantêm na esfera material buscando "vampirizar" energias das pessoas encarnadas.

— E o contato com espíritos superiores?

— Os espíritos superiores sabem o momento certo e a hora adequada para abordar um sensitivo. O lado positivo do contato entre os encarnados e desencarnados, é mobilizar a crença cultural sobre a existência do mundo espiritual. Quando a pessoa vê o que teoricamente acredita que não existe, a visão se evapora e o fato ocorrido perde a força de manter o testemunho. A pessoa desconfia de si mesma e foge para justificativas abstratas, enterrando a concretude da ocorrência. Com os sensitivos é diferente. A principal diferença é a repetição. Enquanto para os primeiros a ocorrência é efêmera, para os sensitivos é corriqueira e não há tempo hábil para se esconderem na justificativa.

O Zelador Moushan chama atenção para um ponto:

— Mesmo sendo um breve contato que eles negam na sequência, ocorreu uma sintonia entre a rede elétrica do encarnado e a rede elétrica espiritual, e em algum momento esta lembrança poderá voltar, inclusive através dos sonhos. Quanto aos espíritos inferiores, que rejeitam o tratamento espiritual, também ocorreu uma sintonia entre a rede elétrica humana e a rede elétrica instintiva destes espíritos e, embora cause danos, leva as pessoas a pensarem na existência da cultura espiritual. Não há como separar visões luminosas de visões sombrias. Todos estes acontecimentos fazem parte do Interesse Divino em homogeneizar o nosso Planeta.

— Gostaria de escutar mais sobre isto, Moushan — solicita Edgar.

— Os estudos antropológicos nos mostram que no início dos tempos a separatividade era mister entre as relações. Os animais viviam em bandos da sua própria espécie. Os homens em tribos e a consanguinidade homogeneizava as relações: "o que não pertence ao meu clã me é adverso". E os destinos eram traçados pela linha hierárquica do sangue. Nos dias atuais, os relacionamentos caminham para uma regência cosmopolita.

— Até que ponto esta regência cosmopolita atinge as pessoas encarnadas na esfera material?

— Houve a miscigenação sanguínea e as pessoas absorveram, tanto no seu DNA quanto na sua consciência, argumentos multiculturais, ampliando e transformando a sua biogenia química, física e comportamental.

Baltazar interrompe Moushan para acrescentar:

— A biogenia é a estrutura da vida dos genes, que constroem os corpos materiais na Terra. Quando há uma transformação biogênica, química e física, anuncia-se o prenúncio de uma mutação, tanto no Santuário dos Elementos da Natureza quanto nos homens.

Moushan retoma:

— É isto mesmo, Baltazar. A Ordem Divina amplia essa miscigenação e ocasiona este "*factum* cósmico". As mutações se iniciaram com as comunicações e contatos tetradimensionais dentro do planeta Terra. Estas mutações promoverão muitas mudanças no comportamento da natureza e no comportamento do homem. A chegada da tretadimensão, para as pessoas que estão encarnadas, mobilizará suas crenças sobre morte, vida, tempo e conceito de família. Todas as características do viver terrestre deixarão de ser determinadas pelo sangue: a conscientização espiritual definirá suas empatias, simpatias e ponto de atração. Enfim, tudo o que envolve o estímulo da rede elétrica humana para a tomada de consciência da evolução do tempo.

— E quanto a nós, Moushan? — pergunta Edgar.

— A chegada da tetradimensionalidade trará, para os que vivem no mundo espiritual, a responsabilidade da união, de zelar deste encontro com muita maturidade. Caso contrário, haverá distanciamento em vez de aproximação; as consequências cármicas deste desfecho são imprevisíveis. Autorizo-me a falar sobre o desfecho dármico do movimento da tetradimensionalização, que é estimulado pela maior Ordem Divina que conhecemos. É importante continuarmos incentivando o *religare* pessoal. A homogeneização das influências tetradimensionais incentivará que cada pessoa encarnada desenvolva a sua própria religião, fertilizada com tudo que lhe faz sentido, para conseguir, através da confluência das forças religiosas, ter uma opinião própria e uma busca individual pelos diversos clãs espirituais que existem na esfera espiritual.

Zelador Alcir com a palavra:

— A ação direta dos sensitivos, por relatarem a nossa existência, mobiliza encontros de grupos de estudo e fundação de religiões que chamam a atenção das pessoas para o processo de espiritualização. Vejo aí uma tarefa difícil: caso estes sensitivos se enganem ou haja uma inversão de valores, poderão construir uma verdade totalmente distorcida da realidade.

— Alcir — pergunta Moushan —, o que você tem a acrescentar sobre esta colocação?

— Quando o sensitivo quer trabalhar para a tetradimensionalização do planeta Terra, nós o incentivamos a procurar o seu próprio *religare*, a refletir sobre a sua cidadania, para que ele mesmo possa escolher sair da rota cármica e gerar espaço na sua consciência destinado a encontrar a rota dármica. Os sensitivos que rejeitam esta orientação, que expõem a sua paranormalidade para fins impróprios, como utilizarem-se de espíritos inferiores para interferir na vida dos seus "clientes"...

— Como é isto, Alcir? "Clientes"?

— Infelizmente sim, Moushan. Há sensitivos que querem ter clientes e prestam serviços utilizando espíritos inferiores, extremamente instintivos, para conquistas e preferências dos seus "clientes". Nestes casos nós nos afastamos. Não queremos ser cúmplices deste tipo de escolha.

— Sobre os paranormais que querem trabalhar para a tetradimensão e evolução do planeta, precisamos orientá-los a canalizarem sua sensibilidade para este fim. A luz está na rota dármica — diz Moushan.

6. Aprendendo a discernir

"Pra você é normal e você não percebe" — esta foi uma frase da minha mãe que me acompanha até os dias de hoje e, aos 46 anos, confirmo a veracidade da observação dela. Realmente eu não percebia que o meu modo de ver o mundo e sentir as pessoas era muito diferente da maioria, a começar por alguns amigos que tinha. "Tá no nível" — saudades dele agora. E esta saudade vem com a lembrança de um acontecimento que me fez ter orgulho de ser amiga do "Tá no nível".

Na nossa rua morava um policial, senhor Julião, que era vizinho de Dona Efigênia, uma senhora solteira que criava uma sobrinha, Cláudia, que tinha um cachorrinho.

Um dia o senhor Julião chegou do seu plantão extremamente nervoso. Essas pessoas moravam em uma pequena vila de casas geminadas; o danado do cachorro danou a latir no quintal. Senhor Julião, por cima do muro, deu um tiro e matou o cachorrinho — é óbvio que agiu assim porque estava nervoso, mas também porque sabia que na casa de Dona Efigênia não tinha um homem para reagir ao seu ato.

Fiquei muito triste com esta história que aconteceu em uma madrugada. Pela manhã, Cláudia, que também era minha amiga, contou a história chorando pela perda do seu amigo. Nem foi para a escola, a coitada.

— Portinha, Portinha — era assim que "Tá no nível" me chamava.

— Ai, "Tá no nível", hoje eu não tô pra conversa. Tô muito

triste.

— E o que fez Portinha ficar assim? Portinha fechou?

— Hoje fechei, "Tá no nível".

— Conta pra mim, conta aqui pro seu amigo.

Ele foi me acompanhando para o colégio e insistiu até que contei a história. De repente ele se modificou, como se entrasse em transe, e foi embora sem se despedir, gritando o seu refrão de sempre: "Tá no nível! Tá no nível! Tá no nível!". Enrolou-se com bastante papel higiênico usado, sentou no degrau da casa do senhor Julião e gritava o seu refrão "Tá no nível! Tá no nível! Tá no nível!".

Todo mundo sabia que não adiantava brigar com "Tá no nível", ele não tinha medo de nada.

Quando Cláudia contou-me esta história, disse-me que o Seu Julião saiu à porta e pediu que ele fosse embora. Mas, ao em vez disso, levantava o dedo polegar dizendo que estava tudo bem, e repetia: "Tá no nível! Tá no nível!".

Seu Julião ofereceu dinheiro para que ele comprasse cachaça. Mas "Tá no nível" não bebia, não fumava e não teve quem o tirasse do degrau. Era impressionante, ninguém se metia com ele. Embora nunca tivesse agredido ninguém ou cometido qualquer ato de violência, as pessoas respeitavam "Tá no nível". Ficou meia hora no degrau de Seu Julião, envolvido no papel higiênico sujo: "Tá no nível! Tá no nível! Tá no nível!".

Quando voltei da escola e soube, senti que o fato foi denunciado. Fui agradecer a "Tá no nível" e ele me olhou como se não soubesse do que eu estava falando, como se não se lembrasse. Entretanto, naquele dia, ele havia passado em todas as casas da rua, enrolado no papel higiênico sujo, batido palma e chamado o dono da casa para perguntar: "Tá no nível? Tá no nível? Tá no nível?".

Por isso nunca consegui ver o "Tá no nível" como maluco, eu o via como um denunciador das violências que aconteciam na rua.

Num outro dia, o senhor Francisco bateu muito na sua filha Juçara. O motivo? Ela já estava com 14 anos e fazia xixi no colchão durante o sono. Acho que o Seu Francisco se cansou e a solução que encontrou foi colocar a filha, com a calcinha molhada na cabeça e o colchão urinado na porta da rua, para que todo mundo visse e soubesse que ela urinava no colchão durante o sono.

Os meninos e as meninas da rua, instigados por senhor Francisco, foram para a porta dele:

— Mijona!!

— Ih!! Ela ainda faz xixi na cama!

E riam da mijona.

Seu Francisco morava bem em frente à minha casa e eu não achei graça nenhuma. Olhava para Juçara, com os olhos baixos e humilhada.

As crianças instigadas por Seu Francisco repetiam em coro:

— MI-JO-NA!

— MI-JO-NA!

Tentei, em vão, chamar os meus amigos para que parassem. Será que eles não viam que estavam humilhando a Juçara? A casa de Seu Francisco era uma chácara e ela sempre distribuía, para todos nós, abiu, goiaba, banana, pitanga e manga. Em vão tentei lembrar aos meus amigos o quanto a Juçara era legal. Sabia que todos ali gostavam dela, por que estavam agindo assim? Quando ouvi de longe o grito:

— Deixa comigo Portinha!

"Tá no nível" se envolveu nos papéis higiênicos catados no lixo e ficou junto de Juçara repetindo o seu incômodo refrão: "Tá no nível! Tá no nível! Tá no nível!".

O senhor Francisco ficou muito aborrecido, mandou-o embora e deu uns empurrões nele. Mas ele levantava do chão e dizia ao senhor Francisco: "Tá no nível! Tá no nível! Tá no nível!".

"Tá no nível" encerrou a humilhação de Juçara: seu pai mandou que ela fosse para dentro da casa. Ele, então, retirou o papel higiênico sujo do seu corpo e correu atrás das crianças para enrolá-las com o papel higiênico, dizendo: "Vem cá, tá no nível! Vem cá, tá no nível!". As crianças voltaram correndo para as suas casas.

Neste dia não aguentei e desci para conversar com ele:

— "Tá no nível" você não é maluco nada. Você é o denunciador das injustiças da rua e se todos prestassem a atenção aos seus ensinamentos seriam pessoas melhores.

— Ah, Portinha, não gosto de ver nada errado.

— Por que as pessoas te chamam de maluco?

— "Tá no nível" não é maluco. "Tá no nível" é bicho são.

— Que conversa é essa "Tá no nível", você não é bicho nada.

— "Tá no nível", tá feliz. "Tá no nível", vai tomar banho.

Existia um córrego que passava no final da rua, um pequeno riacho, onde "Tá no nível" montou uma espécie de acampamento. Foi para lá e voltou banhado, até a barba ele fez, estava bem penteado e saiu gritando o seu o outro refrão: "Tá no nível não! Tá no nível não!". Às vezes ele fazia assim.

Quando a molecada ou alguém o chamava para dar comida, uma roupa usada ou um velho cobertor e o chamava pelo seu refrão: "'Tá no nível', venha cá que tenho uma coisa para você". Nestes dias ele respondia: "Hoje, tá no nível não! Hoje, tá no nível não!", só atendia ao chamado quando as pessoas diziam: "'Tá no nível não', vem cá que tenho uma coisa para você".

Este era um dos meus amigos da infância e entrada na adolescência.

Aqui a história exige uma explicação: a nossa rua ficava perto de um hospício, o Juliano Moreira, no Engenho Velho de Brotas, e os malucos que conseguiam fugir deste hospício, não sei por que cargas d'água, iam para a rua Luiz Anselmo — pensando bem, acho que sei! As pessoas da rua não se incomodavam com os malucos, davam comida a eles e até para pequenos serviços os contratavam.

A minha rua, apesar de ter umas figuras estranhas, como o Seu Julião, o Seu Francisco e outros, na maioria era de gente muito boa.

Na minha rua tinha da classe A à classe E. Moravam ricos, como a família de Pauluxo. Este apelido era por causa da grana que a família dele tinha, o nome do garoto era Paulo e aí virou Pauluxo. A minha família era classe média, mas havia famílias muito pobres, de filhos numerosos. Era uma rua miscigenada onde rico, classe média e pobre brincavam juntos com os jogos e autoramas do Pauluxo, com as nossas bicicletas, tabuleiros de dama, brincadeira de roda e queimada, tudo junto. O dinheiro fazia diferença da porta da rua para dentro de casa, mas nas calçadas e no meio da rua não fazia diferença.

Relembro-me agora do meu amigo "Xenhenhém"; que era um "maluco" cuja família, muito pobre, morava na rua. A mãe de "Xenhenhém" morreu no seu nascimento e ele tinha duas irmãs moças, quase adultas, que trabalhavam para as pessoas da rua como babás, empregadas domésticas ou lavadeiras. Elas eram bem mais velhas do que eu. O pai era alcoólatra, todos os dias bebia, caía nas calçadas e "Xenhenhém" é quem avisava as irmãs quando o pai tombava — eu não me lembro o nome dele, porque todos sempre o chamavam de "Xenhenhém" ou então de Val. Mas era muito raro chamá-lo pelo segundo apelido. Todos o viam como maluco e eu — "pra variar" — nunca achei que "Xenhenhém" fosse maluco.

Ao ver o pai, senhor Lourival, tombado no chão, ele chamava as irmãs cantando: "Alodê, quem mandou Lourival beber?".

Elas ficavam muito aborrecidas com o pai pelo seu vício e envergonhadas da rotina diária de carregá-lo para casa, perdido e bêbado no seu alcoolismo. E "Xenhenhém" as acompanhava cantando: "Alodê, quem mandou Lourival beber? E não se dane, e não se dane!".

Enquanto as irmãs praguejavam, ele repetia parte de sua música: "E não se dane, e não se dane e não se dane".

Este "não se dane" era um pedido para que as irmãs não se aborrecessem e tivessem paciência com a doença de seu pai.

Ah! Também tinha o Mudinho. O Mudinho era homossexual, parecia uma menina e os moleques da rua davam dinheiro para fazer sexo com ele. Apesar de ser mudo, emitia alguns grunhidos — para todos intraduzíveis, mas pela minha mediunidade ou paranormalidade, sei lá, entendia claramente o que o Mudinho dizia. Era um pouco mais velho do que eu, que estava com 13 anos e ele com 15. Era epilético, caía na rua sempre, quase todos os dias, e eu corria para socorrê-lo. Tenho um irmão que teve algumas crises de epilepsia e via como a minha mãe botava o pano entre os lábios e segurava a cabeça dele. Assim, se algum adulto não socorria, eu socorria o meu amigo Mudinho; minha mãe carregava-o para casa porque depois das crises ele dormia.

Mudinho era órfão, morava com a avó muito velha, que fazia tapetes de retalhos para vender na vizinhança ou na feira, a uns três quilômetros da nossa casa, um tradicional mercado aberto da Bahia, a Feira de 7 Portas. O que ganhava era pouco para o seu sustento e o sustento de Mudinho. Os dois moravam em um cômodo de um terreno que antes era baldio e ali fizeram a sua morada. Eu entendia, lá no jeito de Mudinho falar, que ele trocava sexo por dinheiro para ajudar no sustento da casa. Fiz um acordo com ele: antes de vender o seu corpo que me procurasse, eu daria um jeito de arrumar o dinheiro.

Tentei conversar com os meninos para que não usassem o Mudinho, não se aproveitassem da doença dele, das suas necessidades para explorá-lo sexualmente. Depois compreendi que o Mudinho também gostava do negócio, mas mesmo assim mantive o meu compromisso.

Não tinha quem visse e não morresse de rir, porque ele tinha um jeito engraçado de andar, de emitir os seus sons e de utilizar os dedos polegar e indicador para pedir dinheiro: com uma mão ele pedia dinheiro e com a outra apontava para a própria bunda.

Assim que me via, jogava-me beijos — também de uma forma muito peculiar: dobrava a palma, beijava as costas da mão e esticava o braço repetidas vezes.

Ele era muito amigo do "Xenhenhém" e os dois sempre andavam juntos. Lembrei-me agora de uma outra música que "Xenhenhém" cantava, de uma forma também muito sua: "Quem não tem corírio usa óculos escuro. Minha mãe já me dizia: quem não fodeu tem que foder. Quem não tem corírio, quem não tem mulher bate pau e ovo duro" — todos riam muito dele.

Ah! Quase ia me esquecendo! O "Xenhenhém" trabalhava dançando: batia os braços como um galo, abrindo e fechando perto do corpo, e cantava "Me dá 500 de papel pra dançar o 'Xenhenhém'; todo dia ele pede, todo dia ele dança, mas nem todo mundo dá".

Era assim que ele pedia esmola. Pedia esmola não! Trabalhava no ponto de ônibus às 7h da manhã e ao meio-dia, quando tinha muita gente. Ia às casas com o seu canto e sua dança para pedir dinheiro, que guardava no bolso e dava às irmãs para a ajudar a sustentá-los. Quando recebia o seu pagamento mordia o dedo indicador direito e com a mão esquerda dava tapas na própria cabeça, por isso o seu dedo vivia sempre inchado. Tentei, em vão, tirar esta coreografia de "Xenhenhém", mas não teve jeito.

Ele sempre ia lá em casa, às vezes ele e o Mudinho. A minha mãe não se incomodava, tinha compaixão por eles e sabia que eram meus amigos. Meu pai é quem não gostava nada desta história e, para não ter discussão, ninguém falava sobre as visitas de "Xenhenhém" e Mudinho, que iam brincar comigo no quintal.

Também tinha o Maninho. Maninho era um negro alto e forte que andava sempre de cabeça raspada e óculos escuro. Não sei porque andava puxando de uma perna; não tinha nenhum problema físico, compreendi que era o jeito que escolheu para andar, de passos muito largos, puxava uma perna e saía gritando pela rua: "Mano! Mano!".

Alguém da rua descobriu que ele fora professor de inglês e que enlouquecera. Quando entrava em crise, em transe — sei lá — saía cantando músicas em inglês e cantava muito bem. O problema de Maninho é que quando bebia ficava violento, mas nunca foi violento comigo.

Quando eu o via no bar bebendo, aproximava-me dele e falava: "Maninho, se você ficar bêbado vai sair correndo, querer bater nas pessoas, e elas vão te prender no hospício de novo. É isso o que você quer?". Ele me respondia: "Oh, Maninha Pequena! Maninho hoje tá triste, tá de dor no coração, Maninha Pequena, tá de dor no coração".

Arrumava dinheiro pedindo esmolas, que as pessoas davam mais por medo que por caridade.

Criei um movimento na rua para pedir às pessoas que não dessem dinheiro ao Maninho; que dessem comida, roupa, qualquer coisa, menos dinheiro, porque ele juntava e quando dava a tristeza, a sua dor no coração, ia para uma pequena venda onde se vendia cachaça, bebia e saía correndo, atirando pedra e pau nas pessoas. Aí algum morador ligava para o Juliano Moreira, o hospício, e uma ambulância vinha buscá-lo. Maninho sumia por uns dois meses, mas o muro do hospício era muito duvidoso; ele fugia, voltava para a rua e gritava.

Também tentei, em vão, pedir ao Seu Pedrinho, o dono da mercearia, que não vendesse cachaça para o Maninho.

— E o que é que você tem com isso? Eu não o obrigo a comprar cachaça. Se ele quer beber, que beba!

— O senhor fica feliz com este dinheiro que recebe? O senhor não vê que, com sua mão, machuca muita gente na rua?

— Que conversa é essa menina? Vou fazer queixa ao seu pai.

— Pode fazer queixa, Seu Pedrinho, mas é a cachaça que o senhor vende para o Maninho que machuca as pessoas na rua.

— Se eu não vender, outro vai e vende.

— Sendo assim, vamos juntos ao outro vendeiro explicar porque não se pode vender cachaça para Maninho.

— Bem que já ouvi dizer que você é esquisita! Não se meta na minha vida! Eu tenho família pra sustentar!

— Pense bem, Seu Pedrinho! Este dinheiro que o senhor recebe do Maninho é dinheiro sujo porque faz mal a ele e penaliza as outras pessoas. O senhor tem tanta coisa para vender, tem tanta gente que vem aqui beber cachaça, o que acrescenta nas suas fortunas o pouco dinheiro do Maninho? O senhor não consegue fazer uma relação entre o prejuízo para o Maninho, para a rua e este pouco dinheiro que o senhor recebe dele?

Havia algumas pessoas na mercearia que, ao ouvirem a minha conversa, começaram a me dar razão. Para interromper o manifesto, Seu Pedrinho pulou o balcão, pegou-me pelo braço, levou-me para casa e fez queixas ao meu pai.

— Menina, o que é que você tem com isto? Seu Pedrinho é um homem honrado. Este maluco é quem devia sumir da rua.

— Sumir pra onde, meu pai? Pessoas não somem.

Como sempre, nosso diálogo acabou em orelha quente e hematomas. Senti uma enorme vontade de me envolver nos papéis higiênicos sujos e ir para a rua gritar: "Tá no nível! Tá no nível!", mas sabia que se fizesse isto só aumentaria a confusão.

Quando Maninho voltava, se anunciava pela rua: "Ei, mano! Maninho voltou!".

Oscilava em cantar para a rua as suas músicas em inglês. A sua preferida era "Imagine", do John Lennon, e cantava muito bem. Nestes dias, ia conversar com ele, que me dizia: "Oh, Maninha Pequena, Maninho hoje alegria no coração! Maninho hoje alegria no coração!".

Não posso me esquecer da Elza maluca. Minha mãe tinha muita pena dela. Eu também não a achava "maluca". Andava sempre muito limpa, com a roupa bem lavada, dormia na calçada, nos quintais e às vezes escondia-se na chácara do Seu Francisco que, quando descobria, colocava-a para fora. Elza era muito negra e os moleques da rua a chamavam de Pelé — engraçado como as crianças descobrem e inventam as coisas — não sei como eles descobriram e inventaram uma forma de provocá-la: "Pelé, cadê a taça?".

Ela respondia levantando o vestido, abaixando a calcinha e mostrando o seu órgão sexual. Os moleques achavam graça nisso.

Um dia conversando com Elza, ela disse-me que tivera uma filha com um homem branco, que a roubara dela ainda no hospital. Entendi, então, porque ela mostrava como taça o seu órgão genital e tentei, em vão, mostrar a minha mãe que havia uma correspondência entre o seu gesto e a sua dor, mas minha mãe não compreendeu.

Elza também cantava e cumprimentava todas as pessoas da rua: "Demorei mas não faltei Dona Mércia. Paciência é um doce, Dona Mércia, que vende na padaria".

Passava pela minha casa e cumprimentava a casa vizinha: "Demorei mas não faltei Dona Didi, paciência é um doce que vende na padaria". Assim ia cumprimentando as pessoas. Eu cá, no meu mundo estranho, entendia que isto era uma força que a Elza buscava para ter paciência e esperança de reencontrar a filha. Tentei, em vão, explicar à minha mãe mais esta ligação que via nos cantos da Elza. Mas esta, minha mãe também não compreendeu.

Chegou o dia do meu aniversário. O meu pai havia me prometido que, se me comportasse bem naquele ano, haveria festa. Ter bom comportamento para o meu pai era: eu não falar dos espíritos que via, embutir, esconder e camuflar as minhas indagações e questionamentos e, principalmente, parar de falar do Meu Amigo Espiritual — este amigo visitava-me e ensinava-me alguns exercícios respiratórios para auxiliar na manutenção do meu alinhamento energético.

Neste ano resolvi me calar, não pela promessa do aniversário, mas por já estar com 13 anos e cansada de apanhar. Mãe Helena havia me avisado para não dividir esta parte da minha vida com o meu pai porque ele não iria entender. Fato é: ganhei a festa de aniversário e ingenuamente perguntei a ele se poderia convidar *todos* os meus amigos.

Como era raro festejar aniversário para mim, tomei-me pela alegria e pela comemoração — sei lá o que me deu — achei que, contratando com o meu pai, poderia convidar *todos* os meus amigos; que, por este contrato verbal, não haveria problemas. Poderia escolher os amigos que quisesse — ainda uma certa dose de ingenuidade! Ele também convidou os filhos dos seus colegas do banco, do Baneb, onde trabalhava. Convidei os meus colegas da escola, que eram os mesmos da rua; inclui na lista Xenhenhém e Mudinho. Arrumei roupas com os meus irmãos para que eles estivessem bem vestidos e não se sentissem depreciados.

— Mercinha, isto não vai dar certo! — falou o meu segundo irmão.

— Você não me viu perguntar para o meu pai se podia trazer *todos* os meus amigos?

— Você é quem sabe! Tá aqui as roupas que você me pediu, mas vai dar merda!

— Não vai! Tá tudo no contrato!

Xenhenhém e Mudinho foram o show da festa. Xenhenhém cantou todas as suas músicas. Mas, na hora do "óculos escuro", do "quem não fodeu tem que foder" e "quem não tem mulher bate pau e ovo duro", meu pai, que já não estava gostando da presença deles, colocou-os para fora. Os outros convidados entenderam que já era a hora de ir embora também.

Dormi com a orelha quente e com alguns hematomas.

Chorando no beliche, escutava o meu irmão falando embaixo:

— Eu falei que ia dar merda, você não quis ouvir. Convidar maluco para seu aniversário...

— Eles não são malucos! Só são diferentes, como eu! Não sei por que tudo o que é diferente todo mundo chama de maluco. Ninguém na rua me chama de maluca porque tem medo do meu pai. Mas meu pai me chama de maluca e sei que não sou, como também sei que Mudinho, Xenhenhém, Elza, Maninho e "Tá no nível" ou "Não tá no nível" também não são malucos.

Não posso deixar de contar a história de uma amiga que se tornou minha comadre. Ela se chamava Maria Clara, era filha do Seu Fézinho e de Dona Dalva.

Seu Fézinho tinha um jegue e sustentava a sua pobre e numerosa família fazendo mudanças, com a sua carroça, para outras famílias pobres.

Lá se vinha Seu Fézinho, puxando o seu jegue com sua alegórica carroça. Na carroça... botijão de gás, geladeira, fogão enferrujado e trouxas de roupas.

Quando o avistava, corria para ele acreditando — piamente — que o ajudava. À medida que o jegue andava, os artigos balançavam na carroça como se fossem cair a cada passo do jegue. Seu Fézinho corria para impedir que a "mudança" caísse no chão. Eu o substituía puxando o jegue e, por não saber, não controlava direito as rédeas e aumentava o trabalho dele — hoje vejo que o atrapalhava mais do que ajudava. No entanto, ele sempre aceitava a minha ajuda: "Taí Branquinha, pega a corda! Dirige o jegue!".

O jegue do Seu Fézinho não tinha nome. Nesta época meu pai tinha um Dorge Dart. Então botei o nome do jegue de "Dorge Andarte", e assim ficou: "Vambora Dorge Andarte, faça a sua parte!" — dizia eu para o jegue.

Seu Fézinho era pobre e muito caprichoso, conseguiu construir na Baixa do Tubo, um bairro extremamente pobre da Bahia, três casinhas com poucos cômodos. Era a "Vila do Seu Fézinho". Ele morava na primeira casa com a sua esposa, Dona Dalva, com a filha deles, Maria Clara, e com mais três filhos do primeiro casamento da Dona Dalva. Os três eram bem mais velhos que Maria Clara, e Dona Dalva bem mais moça que Seu Fézinho. Ele alugava as outras duas casas para aumentar o sustento da casa.

Um dia Seu Fézinho morreu. Chorei muito. Todos ficaram muito tristes. Venderam Dorge Andarte para comprar o caixão.

Muitas mudanças ficavam para receber o pagamento depois, e este depois nunca vinha. Uma grande alma o senhor Fézinho.

Dona Dalva resolveu voltar a se prostituir, era assim que sustentava os filhos antes de se casar com o seu Fézinho. Os meios-irmãos, mais velhos que Maria Clara, a expulsaram. Cada um deles tomou uma casa para si, para formar sua própria família. Um abuso horrendo!

O bairro da Baixa do Tubo terminava perto da minha casa, e Maria Clara migrou para a rua Luiz Anselmo. Todos ficaram com muita pena dela, mas ninguém tomou qualquer atitude, e ela dormia na rua.

Nesta época ela estava com quatorze anos, mesma idade que

eu. Em consideração ao Seu Fézinho, davam-lhe comida, roupas e às vezes a deixavam dormir nas casas. Mas, de verdade, Maria Clara morava na rua!

Ela dizia ter "sete focos na cabeça". A mãe a havia levado ao médico, que lhe dissera sobre os sete focos. Fato nunca confirmado.

Alguns moleques a pegavam a força para fazer sexo: "Não sei por que a minha mãe não me leva pra morar no puteiro. Ela disse que é pra eu não ser puta, mas aqui os meninos me forçam a transar e eu nem ganho dinheiro".

Maria Clara se vingava destes acontecimentos defecando em uma lata e passando o cocô no portão das casas dos meninos que a violentavam.

Tentei criar um movimento na rua para ajudar Maria Clara. As famílias ricas nem me recebiam, por já saberem a minha intenção. As famílias de classe média diziam-me que dariam comida e roupas, mas morar na casa deles não.

— Então a senhora peça ao seu filho para não violentar a Maria Clara.

— É mentira dela! Meu filho não faz isto!

A minha indignação era porque todos sabiam que Maria Clara falava a verdade. Os garotos regozijavam-se acreditando serem mais homens.

Este era o viver de Maria Clara e, quando vi que o meu manifesto não daria em nada, passei a ajudá-la em sua vingança somando o meu cocô ao dela. Íamos juntas esfregar nos portões.

Meu pai nem podia ouvir falar em Maria Clara. Porém, um dia ele chegou em casa de surpresa e ela estava almoçando comigo e meus irmãos à mesa. Ele pegou Maria Clara pelo braço, atirou-a na rua e falou, para quem quisesse ouvir, que ele não concordava com a presença "desta prostituta" na sua casa, que isto era ideia da minha mãe, cuja moral não fora bem construída porque a minha avó materna era viúva e morava com um homem sem casar na igreja ou no cartório.

— Você agora, Mércia, passou dos limites! — deu uma surra muito grande em minha mãe. O meu irmão menor, para escapar da surra, disse que fora obrigado a sentar à mesa.

— Pai, não bate em minha mãe, a ideia foi minha, bate em

mim! Minha mãe estava no quintal lavando roupa e fui eu quem trouxe a Maria Clara para a mesa — menti para que ele parasse de bater em minha mãe.

— Ah, então você também está envolvida nisto? — apanhei muito — A mãe do Paulo me chamou outro dia para conversar, para me dizer que você estava andando em más companhias. Mas, como nunca havia visto você andar com esta menina, que é afamada como prostituta na rua, não dei atenção.

Maria Clara soube do ocorrido e passou a fugir lá de casa para não nos trazer prejuízos. Nesta época nós tínhamos uma banca de revistas. Eu e minha mãe abríamos a banca às cinco e meia da manhã. Às seis e meia minha mãe voltava para arrumar os meus irmãos pequenos para irem à escola. Eu ficava na banca até meio-dia e meia. Meu segundo irmão vinha me substituir para eu ir à escola. Retornava às seis e meia e ficava na banca até às nove horas da noite.

Meu pai vinha para fechar a banca às dez, e para escapar dele, eu dispensava a carona e voltava de ônibus. Ele cumpria a última hora de trabalho.

Um dia, ao descer do ônibus, ouvi um gemido e um choro. Fui seguindo o barulho e encontrei Maria Clara caída no chão, com muita febre. Corri para casa e chamei a minha mãe para me ajudar a levar Maria Clara ao médico. Ela estava muito mal.

— Menina, pelo amor de Deus, esqueça isto! Seu pai me mata e mata você também!

— Mata nada, mãe. Se ele fizer isto todo mundo vai saber, e o meu pai só bate na gente escondido. Pode bater, mas não vai matar. A Maria Clara tá muito mal!

— Minha filha, não vou me meter nesta história. Já tenho muitos problemas e você vai tomar banho para dormir. Amanhã precisamos levantar cedo...

Não dei tempo para minha mãe terminar de falar, saí correndo antes que ela pudesse me impedir. Fui à casa dos três meios-irmãos de Maria Clara. Mas não quiseram ajudar. Já estava desesperada quando Dada, um conhecido bandido da rua, me viu chorando e perguntou o que se passava. Contei-lhe sobre Maria Clara.

— Você tem dinheiro?

— Não!

— Precisamos dar um jeito.

Já se aproximava das 10 da noite. Dada esperou uma pessoa descer do ônibus e a assaltou. Ao ver a pessoa sendo assaltada, achei que não era certo, mas fazer o quê? Pegamos Maria Clara, colocamos em um táxi. Ouvi do médico, pela primeira vez, sobre doença venérea. Não conhecia este tipo de doença.

— Também, os meninos ficam pegando ela! Tenho um ódio desta gente! É por isso que eu assalto! Ói aí ó, a menina tá aí, quase morrendo...

— Sim, vocês salvaram a vida dela. A infecção já tomou outros órgãos.

Maria Clara ficou internada por mais de um mês. O caso se complicou: ela tinha anemia.

Bem, deixamos Maria Clara no hospital e voltamos para casa. Só dentro do ônibus é que pensei no meu pai e comentei com Dada:

— Daqui a pouco quem volta para este hospital sou eu.

— Porque você está dizendo isto, menina? Tá com medo de ter pegado a doença? Não tem jeito de você ter pegado.

— Não é isto não, Dada. Tenho medo do meu pai.

Contei para ele a história do almoço, de como o meu pai reagiu, proibindo-me sistematicamente de voltar a ter contatos com Maria Clara. Ele respondeu: "Deixa comigo!"

O ponto de ônibus era em frente à minha casa e, ainda dentro do ônibus, vi o meu pai na porta da rua. O meu corpo tremeu, não sei como não desmaiei. O meu coração começou a bater muito forte. Lembrei da saudação do meu Orixá e pensei: "Meu Orixá, só você pode me salvar agora. Orroboboia!".

Dada desceu junto comigo, acompanhou-me até a porta, subimos as escadas que davam em uma pequena varanda em frente da casa, onde estava o meu pai.

— Olha aqui Seu Milton, já tô sabendo de tudo! Se o senhor tocar o dedo nesta menina, ou o senhor muda de país ou então vai levar uma porrada minha. Tá vendo isto aqui ó?! — mostrando o revólver para o meu pai — Também serve pra tirar gente ruim do mundo!

Meu pai ficou pálido. Visivelmente medroso.

— Boa noite, Dada. Não, eu não vou bater nela. Informaram-me que ela socorreu uma moça que estava doente.

Mais irado Dada ficou:

— Escuta aqui, seu sacana! Não pense que me enrola com este lenga-lenga. Sei que você estava esperando a menina para bater...

— Você está mal informado. Não bato nos meus filhos!

Dada perdeu a cabeça de vez. Encostou o revólver no queixo do meu pai e falou:

— Escuta aqui, covarde! Cala a boca! E se tem amor à vida, não toque nesta menina, nem na mãe dela, nem em ninguém, senão vai comer grama pela raiz. Estamos entendidos?

Fiquei sem saber como reagir. Não concordava nem com a atitude de Dada nem com a atitude de meu pai. Mas sabia que Dada estava me defendendo. Fazer o quê?

Minha mãe foi chegando de dentro de casa. Atrás dela vinham meus irmãos. Dada olhou para nós todos e disse: "Tô dando a oportunidade de vocês se livrarem deste cara! Tô de olho. Não tenham medo!".

Desceu as escadas e sentou na calçada da nossa casa. Meu pai entrou calado, foi para o seu quarto. Minha mãe nos colocou para dormir.

E o tempo passou. Fugi de casa.

Voltei a ver Maria Clara dez anos depois. Eu e ela estávamos com 24 anos.

— Se não fosse você e Dada, eu tava morta. Fiquei naquele hospital por mais de um mês. Quando saí, procurei minha mãe na zona. Ela resolveu que eu ficaria com ela. Foi a melhor coisa que aconteceu na minha vida. Conheci um policial que se apaixonou por mim e eu por ele, aí minha vida mudou. Ele botou os meus irmãos pra fora das casas do meu pai, reformou e eu tô morando com ele. Estamos com três filhos: Fernando, mas todo mundo o chama de Preto; Antônio, que a gente chama de Tonho; e Murilo, que a gente chama de Mula.

— Oh, Maria Clara, os nomes dos seus filhos são tão bonitos! Que apelidos esquisitos!

— Não arrumei ninguém que quisesse batizar! Você não quer ser a minha comadre?

— Claro que quero!

— Você arruma o padrinho?

— Deixa comigo, Maria Clara.

Convenci o meu segundo irmão para batizarmos os três filhos de Maria Clara. O problema foi convencer o padre da Paróquia.

— Você sumiu daqui menina e voltou moça. Agradeci a Deus quando você sumiu. A rua voltou a ficar tranquila, sem os seus manifestos e protestos protegendo sempre quem estava errado. E agora o diabo lhe traz de volta, para você voltar a nos infernizar!

— Seu Padre, não é por mim. É importante para Maria Clara batizar os filhos. Foi com o a sua religião que ela aprendeu que se os filhos não forem batizados vão para o inferno, que a sua religião ensinou que existe.

— Não batizo! Ela não é casada na igreja, não batizo!

— Tá bom, seu padre.

Chamei Maria Clara e Fernando, que também era o nome do seu marido, e os convenci a casar na igreja. Eles acharam a ideia ótima!

Voltei a falar com o padre.

— Aí vem você de novo! O que é que você quer agora?

— Seu Padre, Fernando e Maria Clara aceitaram casar na sua igreja.

— Por que você tem que se meter em tudo? Ela foi prostituta, ou é, não sei... Sei que ela era. Não caso!

Senti uma coisa, um misto de indignação, revolta e nojo. Peguei o padre pelo colarinho — não sei de onde veio a força, mas veio —, sentei o homem na cadeira e disse:

— Você quer ser mais do que o seu Jesus? Não foi ele quem perdoou Maria Madalena? Seu Padre, pelo amor de Deus, chega de presepada! Esta moça já sofreu muito e, ou o senhor casa, ou o senhor casa, ou o senhor casa! Ou o senhor batiza, ou o senhor batiza, ou o senhor batiza! Senão, vou procurar a imprensa e fazer um escândalo! Não brinca comigo, Seu Padre! Não sou mais a menina que foi embora daqui, que fugiu com medo de vocês, de gente do seu tipo. Voltei para enfrentá-los, para limpar das minhas veias o medo que vocês impregnaram! E, se o senhor quiser, começo pelo senhor.

O padre se acalmou e me acalmou. Marcamos o casamento e

os três batizados para o mesmo dia. Só as famílias pobres compareceram.

Neste dia tive muito orgulho do meu irmão, porque é óbvio que o meu pai não estava concordando com nada daquilo. Mas ele enfrentou o meu pai e o padre, junto comigo, para resgatarmos a história de uma menina que, agora, havia se tornado uma madame, com certidão de casamento, de aliança no dedo, com seus filhos batizados, com álbum de fotografia. Tudo como tinha que ser.

Por tudo isto Maria Clara foi uma amiga muito especial. Conviver com o seu viver trouxe elementos para a minha lucidez, para aprender a discernir sobre a hipocrisia religiosa, o quanto as pessoas podem ser cruéis quando estão diante de um frágil que não tem quem o defenda. Engraçado é que nunca mais vi Maria Clara, as nossas vidas seguiram rumos totalmente diferentes, mas até hoje tenho profundo orgulho e carinho por esta pessoa que passou pela minha vida para me ajudar a ter discernimento.

Maria Clara, Xenhenhém, "Tá no nível", Maninho e Mudinho são pessoas muito especiais que ajudaram a trazer para fora o melhor de mim. Eles me ajudaram a construir uma ética que até hoje fundamenta os meus princípios. São, para mim, tão importantes quanto os mestres que tenho na espiritualidade. Aqui fica o meu agradecimento por estas almas.

Encerro, neste capítulo, a minha forma de ver o mundo antes de fugir de casa aos 15 anos. E aqui também confesso que não acredito que existam malucos. Existem pessoas cuja dor ou inteligência não conseguiu conviver com o padrão do mundo e extrapolou, quebrando a fronteira para um mundo que lhes dá mais conforto, que lhes dá condição de sobreviver, já que viver não foi possível.

7. A casa de Pernambués
A última morada de Mãe Helena

Embora o meu pai dificultasse, todos os sábados à tarde a minha avó paterna e a minha mãe me levavam à casa de Mãe Helena. Ela já não morava em um casebre, minha avó paterna, que tinha uma situação financeira muito boa, pediu autorização para alugar uma casa para que eu fizesse os meus trabalhos no período dos 40 dias. E disse à Mãe Helena: "Minha neta vivendo ou morrendo, enquanto vida a senhora tiver, eu mantenho a casa".

Mãe Helena e eu nos mudamos do casebre, fomos para uma casa em Pernambués, bairro escolhido por Mãe Helena: "Os meus outros filhos de santo moram perto deste bairro e fica mais fácil pra eles irem para a minha casa. Só não posso ter vizinho, nem do lado esquerdo, nem do lado direito, para não incomodar quando batermos os atabaques nas Iniciações e Rituais dos Inkince".

A minha avó arrumou uma casa no bairro escolhido por Mãe Helena, bem afastada; nosso primeiro vizinho ficava a mais de 500 metros. Devo lembrar ao leitor que esta história se passou há mais de 34 anos. Hoje a rua que Mãe Helena morava tem prédios, lojas, mudou tudo, mudou bastante.

Na casa dos Pernambués conheci Mãe Dudu, que era a Iyá kêkêrê de Mãe Helena. Iyá kêkêrê é a Mãe Pequena, pessoa de responsabilidade que pode até substituir a Yalôrixá ou o Babalorixá, caso seja necessário. Conheci Pai Dandinho, que era o Pai Pequeno da casa de Mãe Helena. Pai Pequeno é quem toma conta e se responsabiliza pelas questões da casa, pelas leis e pelos pagamentos. É uma figura muito importante nos rituais. Conheci também Ékéde Ionda. Ékéde não manifesta o Inkince, zela das Iaôs quando estão recolhidas, da comida ritualística e também auxilia no ensino das Iaôs para dançar. Conheci Ogã Pedro. A função do Ogã é ver o que está faltando na casa, para junto com o Pai Pequeno resolver estas faltas; é também quem faz as compras. Além do mais, tem os Cargos Energéticos que, como pertencem ao sagrado, ao segredo do culto aos Inkinces, não irei relatar neste livro.

Havia outros Iaôs como eu, filhos de santo novos, não em idade, novos em iniciação. Eu era a caçula da casa tanto em idade quanto em tempo de Iniciação. O mais novo depois de mim era o Iaô Everaldo, que tinha 28 anos e já se preparava para ser Ebami, um cargo com mais responsabilidade que o cargo de Iaô. Os Ebamis, por estarem mais preparados e alinhados, ajudam nas comidas ritualísticas e ensinam os Iaôs novos a dançar. É assim uma verdadeira Casa Ancestral de Axé: uma família na qual cada um ajuda com o que tem.

Aos sábados à tarde Mãe Helena fazia o Xirê, que eram encontros para aprendermos as lendas dos Inkinces — importante o conhecimento de lendas porque descrevem os enredos, os caminhos e as tramas da Eletricidade dos Inkinces.

Frequentei a casa de Mãe Helena por mais dois anos e aprendi a fazer as comidas certas para os meus Orixás, a dançar corretamente para eles e outras coisas que fazem parte do segredo. No entanto, a comida adequada e a dança certa têm a ver com o enredo elétrico que está sendo alinhado no Iaô.

Um leitor que não conhece o segredo do axé pode estranhar a valorização da comida e da dança que eu informo neste texto. São comidas diferentes que alimentam e fortalecem a nossa eletricidade. As danças são movimentos para alinhar o corpo, que quanto mais alinhado, mais manifestamos a eletricidade luminosa dos Inkinces.

Todo Inkince, na natureza, é totalmente luminoso. Mas, ao se misturar com a Eletricidade Humana, esta mistura gera uma eletricidade inferior e instintiva; e uma Eletricidade Superior.

Enquanto o homem mantém a eletricidade inferior, torna-se muito difícil alcançar a luminosidade superior, e ele acaba por conduzir a sua vida tentando, em vão, saciar o instinto inferior. O seu ego vai tomando espaço e os sentimentos começam a ser influenciados pelo instinto visceral; as necessidades tomam o mesmo caminho; o sentimento, influenciado por esta força instintiva visceral, faz com que o homem confunda amar com possuir. Ele não ama; ele possui a sua mulher, o seu marido, os seus filhos, os seus pais e os seus amigos que se submetam a ele. Ou melhor, não tem amigos, não procura por isto, busca no mundo *contatos*, pessoas que no futuro possam lhe ser úteis de alguma maneira. Este é o que "mata por amor", é o que prefere ver um filho morto caso tenha uma escolha diferente da pretendida.

Inadvertidamente o instinto visceral transforma o sentimento, desta pessoa, em caça visceral. Ela não é o que é, ela se enxerga e se pesa pelas suas posses.

A inteligência visceral é a esperteza e a sagacidade.

O raciocínio visceral é o que comanda a escolha dos *contatos*.

Com o passar do tempo, a pessoa vai se transformando em egocêntrica e quando a sua força já não consegue agir com veemência, vêm as frustrações: se a esposa pede o divórcio ele a persegue, utiliza os seus filhos como arma para atingir a mãe, ou o pai, no caso de ser o marido quem pediu o divórcio.

São pessoas que desenvolvem dificuldade de lidar com o "não". Se um amigo não pode servi-las no momento em que precisam, riscam este *contato* da agenda.

O que mais caracteriza estas pessoas é a dificuldade de dar: preferem jogar fora um eletrodoméstico, uma roupa, do que doar para alguém. Por incrível que pareça, doar dói!

Conheci casos de pessoas que ao oferecer, ou a elas ser pedida, uma carona, cobraram uma taxa pela gasolina, pelo desgaste do pneu e, se tivessem que sair da sua rota, ou o preço é mais caro ou não há carona.

Agora, vem-me à lembrança um dos casos que acompanhei sobre este tema, que me chocou muito e, ao mesmo tempo, fez-me aprender mais sobre o instinto visceral. Conheci um rapaz de muitos poucos amigos. Um dia ele me apresentou uma moça que tinha certeza ser a sua irmã espiritual. A mãe desta moça era terapeuta, assim como ele, e indicava-lhe pacientes na capital, São Paulo, para facilitar o trabalho terapêutico dos pacientes, posto que ela morava no interior. Chegou o momento de a filha dela vir à capital fazer faculdade. Este rapaz gritava aos quatro ventos que a tal moça era a sua irmã espiritual — confesso que fiquei muito contente porque nunca havia visto, nesta pessoa, uma declaração de amor por amigos. Sempre *Contatos*! *Contatos*!

A "irmã espiritual" veio morar com ele. Ela dividia o aluguel, dividia o condomínio, pagava uma taxa pelo uso da geladeira, da televisão, dos pratos, dos copos, mas... *Voilà*!

Um dia soube que os dois estavam juntos vindo de uma pizzaria. No caminho de volta, dentro do carro — para o qual ela também pagava uma taxa —, ele recebeu um telefonema para ir à uma festa. Disse à sua irmã espiritual que não a levaria porque "precisaria ficar solto para fazer alguns *contatos*". O amigo o estava convidando por ter nesta festa pessoas importantes que *precisava* conhecer. Era 1h30min da manhã. Sabe o que ele fez? Deixou a sua "irmã espiritual", de madrugada, na av. Brasil, uma avenida conhecidamente perigosa por assaltos etc., principalmente à noite. Fiquei muito frustrada porque tinha esperanças que essa "irmã espiritual" despertasse esta pessoa, abrisse um caminho mais profundo no seu coração.

O instinto inferior, ao ser alinhado, é como se ganhasse uma cabeça provida de inteligência que substitui a sagacidade e a esperteza; um sentimento "que ama", que deixa de ver as pessoas como propriedades. A pessoa torna-se mais flexível; desenvolve compaixão pelo outro; a ética e a sensibilização sutil passam a reger seu instinto, não permitindo as influências inferiores.

Nas casas sérias que trabalham com lealdade, fidelidade e lisura para equilibrar a Eletricidade da Natureza à Eletricidade Humana, os conhecimentos, as ervas medicinais, os cantos, as danças e os rituais são utilizados para atingir este objetivo.

Para melhor esclarecer, darei alguns exemplos de eletricidade em desalinho no ser humano, isto é, da rede instintiva humana miscigenada com a rede instintiva das Energias da Natureza, numa miscigenação sem nenhum alinhamento:

Um filho de Ossanhe recebe influência das árvores. Por serem as árvores magas, geradoras de medicina e medicamento, Ossanhe é o Mago da Natureza.

As árvores, na natureza, são mobilizadas apenas pelo vento e sua função é ter raízes fortes que as mantenham fixas no seu espaço. Quando este Inkince soma suas Energias à energia humana, traz toda a sua eletricidade, e um filho de Ossanhe que não se alinha pode ficar com a vida parada, assim como uma árvore; pode ter dificuldade de fazer mudanças e se desenvolver.

Há um elo de perigo que o acompanha: por ser muito introspectivo e captar todas as energias intrínsecas ao reino vegetal (regência de Ossanhe), não é incomum que desenvolva contatos com drogas.

Todas as ervas, inclusive as alucinógenas, pertencem ao reino de Ossanhe. É possível que um filho em desalinho deste Orixá magnetize energias intrínsecas aos alucinógenos.

Na natureza, as ervas alucinógenas bem conduzidas transformam-se em medicamentos. Porém, estas energias misturadas ao instinto inferior do ser humano transformam-se em veneno que desperta o vício para o consumo de alucinógenos.

Por ser um instinto muito introspectivo, um filho de Ossanhe em desalinho poderá desenvolver depressão ou ansiedade, o que poderia levá-lo para as drogas oficializadas.

Um filho de Iemanjá recebe influências da maré alta e da maré baixa, da lua e do vento. E, um filho de Iemanjá que não se alinha pode se tornar uma pessoa muito indecisa, que oscila nas suas determinações e, pela força e volume da eletricidade da água, uma pessoa arrogante.

Um filho de Oxalá que não se alinha pode se tornar autoritário, pode querer que a sua verdade e o seu raciocínio prevaleçam sobre os demais e erroneamente acreditar que o mundo está ali para servi-lo. É o falso filósofo, o falso habilidoso, aquele que se acredita mais inteligente que os outros. É possível que um filho de Oxalá que não se alinha, para alcançar o desejo visceral de ser servido, atue, pejorativamente, manipulando aqueles que o cercam.

Um filho de Oxaguian que não se alinha tem dificuldade de amadurecer, de se desligar da mãe. É uma eterna criança. Briga por coisas pequenas e pode se transformar em um adulto-criança birrento, mimado e com outros comportamentos afins.

Um filho de Oxalufan que não se alinha é o oposto de Oxaguian: a criança se torna falsamente precoce e envelhece rápido; pode desenvolver "manias de velhos" desarmônicos; fechar-se e isolar-se completamente do mundo.

Um filho de Bessém que não se alinha pode se perder na sua ambiguidade e ter dificuldade para desenvolver uma única opinião sobre as coisas; é incoerente; extremamente orgulhoso e vaidoso; não ouve ninguém; tem dificuldade de dividir as coisas e, quanto mais possui, mais o medo de perder envolve o seu instinto visceral. Torna-se uma pessoa venenosa que come pelas bordas, que se faz de amigo para adquirir as suas metas. Enfim, a ambiguidade instintiva permeia as suas vísceras.

Um filho de Nanã que não se alinha desenvolve uma arrogância tão grande que acha todos inferiores. Ninguém é bom o bastante para ser seu amigo, seu marido ou sua esposa. Transforma-se em uma pessoa solitária, fechada e sisuda e são muito poucos os que conseguem passar pelos "espinhos" que o instinto faz crescer nas vísceras de um filho de Nanã que não se alinha. A expressão é sempre a mesma: o rosto é uma máscara envelhecida, sem cor, e é muito difícil agradá-lo por ter dificuldade de receber qualquer coisa, de quem quer que seja. Desenvolve, facilmente, mágoas profundas, com tendências ao autoflagelo e à depressão.

Um filho de Oxun que não se alinha tem a vaidade como centro do seu sentimento. É esta vaidade que coordena as suas vísceras e implanta-se em seus olhos. É manipulado por aplausos e elogios com a mesma intensidade que refrata quem lhe denuncia uma falta ou falha de caráter. Um filho de Oxun que não se alinha possui dificuldade de lidar com dinheiro e gasta mais do que possui. Não consegue identificar nas outras pessoas sentimentos sinceros, porque nos sentimentos sinceros há a manifestação de aplausos e vaias e, como teme as vaias, prefere a superfície dos relacionamentos, evitando, assim, aquilo que os ouvidos vaidosos dos filhos de Oxun que não se alinham não querem escutar.

Um filho de Obá que não se alinha não consegue demarcar os seus limites, invade e é invadido simultaneamente. Há uma característica peculiar que muito faz sofrer um filho desalinhado de Obá: a dificuldade de escutar elogios, uma surdez o toma quando alguém verdadeiramente o está elogiando. Desenvolve a baixa autoestima e, por não se acreditar merecedor de ganhos, acaba por escolher trabalhos menores do que o seu potencial interno. Amadurece rápido e envelhece cedo. Por não conseguir ver as suas construções, cobra muito de si mesmo e explora-se ao máximo. Acha-se feio e menor, podendo surgir daí muita arrogância e rebeldia por querer conquistar as coisas pela força. Tem dificuldade de diálogo e facilidade para gerar discussões.

Um filho de Iansán que não se alinha é aquele que se lança sem ser convidado, exibe-se incoerentemente e fora de hora. É extremamente vaidoso, acredita ter um "quê", uma força de atração que pode seduzir tudo e todos ao seu redor. Possui dificuldade de desenvolver relacionamentos amorosos longos e profundos; dificuldade de constituir e conduzir uma família. A cabeça está sempre no que não possui, não consegue enxergar o que há ao seu redor. São os falsos guerreiros, gostam de amedrontar as pessoas para esconder sua própria fragilidade. A principal característica de um filho de Iansán que não se alinha é se expor tanto, é exagerar tanto na exibição que se aproxima da vulgarização.

Um filho de Balé que não se alinha pode estar sempre doente, doenças perigosas que o leva a viver entre a morte e a vida. Desenvolve o pessimismo, o mundo é uma rede de perigos, há perigo em tudo. Enxerga a vida mais difícil do que ela é. Desenvolve a arrogância para esconder seus medos; cria metas visionárias, mas culmina em um trabalho inferior à sua competência. Busca segurança por ser inseguro, e o preço que paga pela segurança é ser pejorativamente manipulado e dominado por pessoas espertas que enxergam a sua insegurança camuflada pela arrogância. Para um filho de Balé que não está alinhado, tudo, desde uma situação mais simples a uma situação importante, é um caso de vida ou morte. Tende a fugir dos problemas por temer que a morte vença a vida — já que tudo é um caso de vida ou morte.

Um filho de Ewá que não se alinha pode desenvolver ciúme, um ciúme exacerbado; confundir a sua estrada; distorcer os seus caminhos; divergir entre a intenção e a ação. Possui dificuldade de dar continuidade a projetos e metas. Abre uma estrada nova no meio de um projeto, que também sofrerá a abertura de uma nova estrada, o que o leva a ser inconclusivo. É muito iludido, embora a vida mostre as suas perdas de caminhos, acredita estar buscando um caminho melhor. A confusão, a incoerência, a justificativa e a constante troca de valores também são fatos repetitivos nos filhos de Ewá que não se alinham.

Um filho de Omolu que não se alinha tem muita tendência a doenças, principalmente doenças de pele, alergias, cuja cura é demorada. Aqui, no meio das terras de Omolu, abro um espaço para contar uma história: o meu terceiro irmão é deste Orixá, Omolu. Ele tinha epilepsia — e uma coisa que aprendi com os meus 34 anos como cultuadora dos Conhecimentos Ancestrais Africanos é que a epilepsia é comum nos filhos de Omolu que não se alinham. Conheci muitas pessoas que tinham esta doença e, ao se alinharem, a epilepsia se foi. Pois bem, volto a falar do meu irmão, que nasceu com epilepsia e tomava Comital e outros remédios cujos nomes já não lembro. Mas, mesmo tomando os remédios, ele tinha pelo menos uma crise por semana. Com dois anos de idade o seu corpo se encheu de verrugas: 10 verrugas nas mãos, 20 verrugas nas costas... Passava-se os remédios dados pelos médicos e, quanto mais se dava os remédios, mais as verrugas se multiplicavam. Ele vivia sempre doentinho. Levou dois meses para conseguir se curar de sarampo. Um dia, cansada de ver as verrugas deste irmão — sou 6 anos mais velha que ele, eu estava com 9 e ele com 3 anos — aproveitei que os meus pais foram ao cinema, e aqui a arte imita a vida: meus pais tinham ido assistir *O Exorcista* e naquela noite *resolvi* que iria curar as verrugas do meu irmão. Já havia tentando algumas vezes, mas sempre um adulto *atravessava* o meu caminho impedindo a minha intenção. Nesta noite, com certeza tomada por uma força vinda de algum lugar positivo, peguei a lâmina de barbear do meu pai e com a ajuda do meu segundo irmão cortei todas as verrugas deste meu irmão doentinho. Juntei-as em uma caixa de fósforo e quando a minha mãe voltou do cinema, dei a caixa para ela ver — achei que ela ficaria feliz, no meu óbvio. Minha mãe desmaiou na poltrona da sala. O seu desmaio fez com que, até hoje, eu não me esquecesse da poltrona e da cena. Levaram o meu irmão ao médico, não houve sangue ou hemorragia.

O que me faz crer que fui magnetizada por uma energia positiva foi o resultado da minha ação: as verrugas do meu irmão não voltaram mais e as crises de epilepsia sumiram.

Relatei este fato a todos os Babalorixás e Yalôrixás que passaram pela minha vida. A resposta era mais ou menos a mesma: "O que é que vou lhe dizer, minha filha? Bessém é irmão de Omolu e nos enredos e tramas que relatam a vivência elétrica destes dois Inkinces, Bessém está sempre querendo ter a sabedoria sobre as doenças e as curas de Omolu. Você está vindo com um fato — que confirmei com a sua mãe, esta história é real. No meu entender isto é coisa destes dois Inkinces, Bessém e Omolu".

Para variar, o meu pai não entendeu assim, e neste dia apanhei muito. O pior foi ter arrastado o meu segundo irmão, que era muito sensível e não segurava a onda da autoridade exacerbada do meu pai, para apanhar junto comigo. Ele sofreu muito mais do que eu; embora eu tivesse apanhado mais, ele sofreu muito mais.

O meu irmão continuou tomando os remédios, mas como as crises haviam desaparecido os médicos foram diminuindo a medicação. Fato é que ele, desde aquele dia, nunca mais teve crise de epilepsia ou verruga. Minha mãe contava que os médicos ficaram sem entender. O meu pai contava que os remédios para epilepsia, além de curarem a doença, curaram as verrugas do meu irmão. Assim é um fato: cada um interpreta de acordo com a sua cegueira, luminosidade, coerência ou incoerência.

Um filho de Omolu que não se alinha pode ter histórias deste tipo. Tendências a se transformar em um ermitão, ficar calado, parado, ter dificuldade para desenvolver aprendizados.

Um filho de Oxóssi que não se alinha traz como comportamento natural a distração. É uma distração tão forte que o leva à irresponsabilidade. Quando é a distração que traz a irresponsabilidade é muito difícil, para a pessoa, incorporar a responsabilidade e só a vê depois da manifestação de consequências desastrosas, por falta de foco e meta. É uma flecha enferrujada; um arco incompleto. Arco e flecha são armas da caça e a caça é uma qualidade de Oxóssi. Porém, um filho de Oxóssi que não se alinha, ou não caça ou caça pouco, e quando caça se distrai esquecendo-se das suas intenções. Também pode se manifestar a dificuldade de desenvolver sentimentos profundos pelas pessoas — é comum que o grande amor da sua vida dure um mês. É possível que surja infidelidade, fato mais comum, dentro da minha experiência, aos filhos homens em desalinho de Oxóssi. Mas não acredito que seja uma influência apenas para os homens; acredito que a cultura sobre a mulher infiel inibe esta influência. Em tempo: será?

Um filho de Xangô que não se alinha tem muita dificuldade no casamento. Na natureza Xangô é a pedra, é a lei. Um filho de Xangô desalinhado pode se transformar em uma "pedra", uma pessoa com dificuldade de desenvolver sentimentos profundos, principalmente pela esposa, marido, filhos. Cria, a cada momento, uma lei, uma lei conveniente para cada situação. Um filho em desalinho de Xangô nunca admite erro, dá voltas, inventa elementos, constrói personagens, exagera ou minimiza para que sempre tenha razão.

Um filho de Ogun que não se alinha torna-se briguento; briga por tudo e é possível que desenvolva a violência, a dificuldade de raciocinar a paz, de conviver em ambientes nos quais não há brigas, nos quais não se aceita brigas. É irresponsável, tem dificuldade de cumprir compromissos, mas não se sente incomodado quando a vida ou as pessoas pontuam a sua falta de responsabilidade. Por desconhecer totalmente a importância da responsabilidade, por não honrar os seus compromissos, não consegue enxergar o tamanho do erro. Nestas horas é vago e reage com violência ou então dá de ombros como se dissesse: "E daí?". É assim que reage um filho de Ogun sem alinhamento.

Um filho de Irôko, de Tempo, que não se alinha é a mais confusa das pessoas que se pode imaginar: não vê quando acerta, não percebe quando erra, está sempre atrasada ou adiantada. Constrói uma lógica muito peculiar, cujas interpretações culminam em conclusões precipitadas sobre fatos e pessoas. Um filho de Tempo que não se alinha não sente prazer em viver: o dia é uma obrigação e a noite é a fuga desta obrigação. Tem dificuldade de se relacionar com outras pessoas em função da sua lógica interpretativa.

Um filho de Exú que não se alinha pode se transformar em uma pessoa muito perigosa, por este Orixá ter muita força de movimento. Exú é o movimento. Todo movimento é Exú. Sobre Exú se diz: "Exú matou o pássaro hoje com pedra que atirou ontem". Esta citação enfoca a capacidade de movimento deste Orixá, de andar entre o hoje, o ontem e o amanhã. Quando bem alinhado é a eletricidade que conduz a pessoa para o seu caminho, trazendo-lhe forças para cumprir os seus múltiplos projetos. Porém, quando desalinhado pode conduzir a pessoa à margem da vida.

Por falar em Exú, aqui também cabe um comentário. Na original Cultura Africana não existe o demônio. Na original Cultura Africana todas as pessoas são vistas como filhas de Olorum. Olorum, no idioma Yorubá, significa Deus. É uma Cultura Monoteísta, na qual não cabem duas forças interagindo sobre o indivíduo. Os erros dos humanos são vistos, na Cultura Africana, como oportunidades para o burilamento e a correção do caráter. A Igreja Católica, quando conheceu a Cultura Africana e descobriu que Exú também é quem rege a ereção masculina e a libido feminina, resolveu escolhê-lo para comparar ao seu demônio, porque sexo, ereção e tesão — para a Religião Católica — são pecados imperdoáveis, principalmente para as mulheres. Sexo só para a criação, para ter filhos. Os homens que trabalham e que podem comprar o seu perdão, recebem, no ato da confissão, o perdão pelo seu erro. Quando esta cultura conheceu a Cultura Africana e descobriu que para os negros o sexo e a sexualidade têm a mesma importância e valor tanto para os homens quanto para as mulheres e que Exú é o regente da sexualidade, viu nele um espelho do seu outro deus, o demônio.

O *Dicionário Antológico da Cultura Afro-Brasileira*,[3] possui a seguinte definição sobre este Orixá: "EXÚ subs. em Yorubá: Esú. Divindade Yorubana da Fertilidade Obs.: Erradamente comparado ao Diabo católico pelos colonizadores europeus, que precisavam destruir as culturas. (...)".

Na original Cultura Africana nunca houve demônios. Se vocês ouvirem por aí, mesmo de pessoas que cultuam os Orixás, a associação deste Orixá ao demônio, ao satanás, saibam que estas pessoas permitiram a fusão da Cultura Ancestral Africana com a Cultura Católica.

Faço este comentário pela indignação que minha alma sente porque conheci todos os Orixás ou Inkinces, inclusive Exú, em uma Casa Ancestral que respeitava Jesus Cristo, Moisés, Buda, que os via como verdadeiros filhos especiais de Deus, que respeitava os ho-

---

[3]FONSECA JR., Eduardo. *Dicionário Antológico da Cultura Afro-Brasileira*. São Paulo: Maltese, 1995. p. 340.

mens que foram santificados pela Igreja Católica, os seus Santos. Porém não misturava as raízes da sua Cultura à inquisição imposta pela Igreja Católica, e por isso conhece, com profundidade, o que são as Energias e Eletricidades do Santuário da Natureza. Para a Cultura Africana, o ato sexual é um comportamento que precisa ser muito burilado, tanto no homem quanto na mulher, para que os filhos que nasçam desta união tragam forças e luzes já trabalhadas em seus fatores geradores pai e mãe. Este tumulto que a Igreja Católica causou com o nome de Exú, construindo-lhe a alcunha de demônio, também foi feito à outras culturas, rotulando-as como pagãs.

A Cultura Africana não foi dizimada porque existem, até hoje, Casas Secretas, Terreiros Ancestrais que cultuam em silêncio, com a forte seleção de quem chega, os conhecimentos sagrados. Estas casas não estão na televisão, não distribuem papéis na rua, não se anunciam em classificados de jornais — como disse, são casas secretas para preservar o sagrado.

Foi em uma Casa assim que me iniciei e me aborrece ver o Orixá Exú ser comparado a uma deidade que nunca foi cultuada no Berço Original Africano. Para os africanos só há um Deus, que é Olorum.

Sofro mais ainda quando esta alcunha difamatória é publicada e promovida por casas que trabalham com a Cultura Africana — suspeito destas casas porque utilizam a força do movimento deste Orixá para amedrontar.

Laroiê Exú!

No dia em que o mundo vir a atividade sexual como a capacidade do homem se transformar em Deus, por produzir outra criatura, e descobrir que você é a Força Elétrica que permite a reprodução no corpo humano, as pessoas hão de lhe pedir perdão!

Confesso aqui que já fui muito julgada por defender a verdadeira história desta rede elétrica da Natureza, tanto pelos ditos católicos — cuja origem do ensinamento é não julgar ninguém — quanto, e mais ainda criticada, por casas que se utilizam de almas que não foram para o Mundo Espiritual, almas que um dia nasceram e tiveram um nome, que se perderam entre a consciência e a inconsciência por não terem recebido o tratamento que precisavam do mundo espiritual, que foram capturadas por estas casas, que lhes deram nomes, construíram falanges e as apresentam como Exú.

Exú é uma Energia da Natureza que nunca encarnou. É uma eletricidade. Não é o demônio e não é a sua força que é ministrada pelos obsessores que se transformaram em falanges e são utilizados para vinganças e aquisições materiais. A Eletricidade de Exú passa muito longe disso!

O instinto de sobrevivência dos Orixás é buscar na própria natureza a sua sobrevivência e manutenção. Já o instinto humano é completamente diferente. A nossa parte instintiva é muito visceral e, se não for lapidada, pode nos transformar em pessoas invejosas, cruéis, que passam por cima dos outros sem nenhuma consciência para adquirir e saciar a fome instintiva.

Pessoas que não conhecem a Cultura Africana, quando versam sobre os Orixás, dizem que são estes que provocam nos seres humanos a inferioridade instintiva. Isto não é verdade! Ninguém nunca viu uma árvore matando um homem para construir a sua casa; já o oposto acontece sempre. O instinto humano somado à rede Elétrica do Santuário da Natureza é que conduz para esta eletricidade a inferioridade visceral. Quantos anos tem o nosso planeta? Quantos anos tem o mar? Quantos anos tem o homem? É preciso que a humanidade se entenda como filha caçula de um planeta complexo que, por ser berçário, permite que brote de tudo, de rosas a "*Hitlers*". No dia em que o homem se entender como o filho caçula deste grande sistema, diminuirá a sua rebeldia e compreenderá que as Energias da Natureza auxiliam na construção de seu corpo material. E vão além: alimentam-no e o mantêm vivo.

Uma das funções de pessoas como Mãe Helena é burilar a parte instintiva do Inkince e a parte instintiva do homem, buscando que a eletricidade luminosa dos Inkinces construa a eletricidade luminosa nos homens. E alguns objetivos desta construção são: aprendermos a desenvolver respeito por tudo e por todos, termos cidadania e termos consciência que o mal que fazemos aos outros fazemos a nós mesmos, porque tudo é dividido.

Quero enfocar que a descrição que fiz, anteriormente, é sobre a rede instintiva humana miscigenada com a rede instintiva das Energias da Natureza, numa miscigenação sem nenhum alinhamento. Quando há o alinhamento, a pessoa se transforma no oposto, por isso é que a Iniciação é chamada de Renascimento.

Nas Iniciações dos Buris, as pessoas são novamente educadas para valorizarem a parte luminosa do seu Inkince, construindo e magnetizando a Luz de Olorum para as suas mentes, corações e atitudes. Por isso que Mãe Helena e os seus amigos dissidentes fecharam-se dentro de suas casas, para trabalhar os Inkinces ou Orixás segundo esta ordem.

O ser humano, nas suas buscas por lucros fáceis, acaba por seduzir-se quando descobre que existem casas prestadoras de serviços que se utilizam de espíritos inferiores para o auxiliar em suas aquisições materiais, amorosas e vinganças. Nestes casos, a eletricidade do Inkince fica dando voltas, girando em torno das vísceras humanas. Assim, em vez de o homem lutar por suas aquisições, escolhe utilizar espíritos inferiores para pejorativamente manipular outras pessoas.

Casas prestadoras destes serviços apenas utilizam o nome dos Orixás, mas não trabalham com os Orixás. Estas casas contribuem negativamente, afastando os brasileiros de suas raízes africanas, de suas raízes indígenas; negando grande parte de si e superestimando a herança europeia — continente conhecido por dizimar outras culturas, matando para impor a sua religião, traidores do seu Deus, Anjos e Santos. Na base do cristianismo não há a indução de matar em nome de Deus. Muito pelo contrário, é considerado um pecado mortal.

Os colonizadores também utilizaram o nome de seu Deus para subjugar pessoas. E tenho em mim que esta origem atua no inconsciente destas casas ditas de Orixás que se utilizam de espíritos inferiores, apresentando-os como Energias do Santuário da Natureza.

Na Casa de Mãe Helena vi Iaôs que, além de manifestar o seu Orixá ou Inkince, que são Essências da Natureza, como já expliquei, também manifestaram espíritos que já tinham encarnado na Terra que, por apegos à vida terrena, não seguiram para tratamento e evolução no mundo espiritual. Quando os Iaôs manifestavam estes espíritos, diziam à Mãe Helena que, se os deixasse ficar ali, se ela os alimentasse, poderiam trabalhar para os "clientes" dela, para aumentar as suas fortunas, escolherem o homem ou a mulher que quisessem porque tinham força para fazer isso e muito mais: vingar quem fizesse mal aos "clientes" de Mãe Helena. Confesso que estas manifestações me assustavam, porque eu sabia que estes espíritos precisavam dos cuidados do mundo espiritual — o meu Amigo Espiritual me dizia: "Quando se desencarna, não se pertence mais à esfera terrestre, e o caminho adequado é se dirigir para o mundo espiritual, para as Casas Astrais, para burilar a evolução e o instinto da alma".

Mãe Helena, para estes espíritos sempre respondia: "Não tenho clientes, minha casa não é um comércio, não tenho o que vender e nem o que comprar; tenho filhos meus e dos meus Inkinces. Se você quer ter esta vida errante, de manipular o livre-arbítrio das pessoas, na minha casa você não fica. — Via muita coerência entre as atitudes de Mãe Helena e os ensinamentos do Meu Amigo Espiritual. Não é coerente um espírito ficar por tempo indeterminado no mundo material, pois não faz mais parte deste reino. — Só fica aqui se quiser se preparar para ir para o mundo dos eguns." (Egum é uma palavra em Yorubá que quer dizer espírito).

Apenas a minoria dos Iaôs gostava desta postura de Mãe Helena e ficavam na casa. Vou contar o caso da Iaô Zulmira. Escutei um diálogo entre ela e Mãe Helena:

— Mas mãe... Este espírito, esta entidade traz aqui pra minha mão o homem que eu quero! A senhora nem imagina! Chego em uma festa, olho para um homem e digo bem forte, com força de pensamento: "Eu quero este homem pra mim!". E não é que consigo! Eles ficam debaixo dos meus pés, me dão tudo o que eu quero e sei que é esta entidade que me ajuda. Por que a senhora quer tirar isto de mim?

— Esta entidade não lhe dá nada! Escraviza você e escraviza estes homens. Te coloca assim, como alcoólatra. Você já reparou que está envelhecendo rápido? São estas entidades comendo e deteriorando a sua carne. Minha filha, você nunca teve homem nenhum, você teve escravos que se submeteram à força materializada desta entidade. Quero ver você escolher um homem aqui dentro da minha casa e esta entidade conseguir submetê-lo aos seus interesses. Isto não vai acontecer porque todos aqui são alinhados, não haverá espaço para o instinto desta entidade, dirigido pelo seu instinto, submetê-los aos seus caprichos.

— É, isto é verdade! Não é com todo homem que funciona!

— Zulmira, a minha conversa é curta e reta. Se você quer continuar frequentando a minha Casa, vou trabalhar para a rede elétrica luminosa do seu Orixá e este trabalho afastará esta entidade de você.

— Ah, então vou para a casa de mãe Iraci, porque lá ela dá comida e bebida para esta entidade, que fica mais forte. Outro dia mesmo estava na feira e uma pessoa me deu um tombo. Caí no chão, quebrei o dedo e me veio um ódio. Olhei para a pessoa, chamei a entidade, chamei com força, chamei com fé e ódio. Sabe o que aconteceu? Esta entidade baixou em um maluco que fica pela feira, avançou na mulher que me deu o tombo e quebrou a cara dela toda. Já levantei dando risada, passou até a dor no dedo do pé!

— Se é isto o que pretende, é melhor você ir para a casa que falou, porque aqui trabalho para eles irem para o mundo espiritual, para receber alimentos espirituais. Ao aprisioná-los na Terra adquirimos muitos carmas por estarmos nos utilizando de um espírito que está perturbado, desorganizado, que se esqueceu de si, de quem é, afastado da sua evolução espiritual e se submete aos caprichos de pessoas até mais inferiores do que eles.

Zulmira levantou da cadeira com o dedo em riste e disse à Mãe Helena:

— A senhora está me ofendendo!

— Tire o dedo do meu rosto!

Assisti uma cena incrível: Zulmira tentado manter o braço para encostar o dedo no rosto de Mãe Helena, de quem saía uma força que fazia o braço de Zulmira tremer e voltar ao longo do corpo. Zulmira falava:

— Ora, se tenho esta entidade pra me ajudar a conquistar as coisas sem sair da cadeira, vou agora tirar isto de mim? Não tô preocupada se é inferior ou superior, quero o que eu quero!

Mãe Helena calmamente lhe respondeu:

— Então vai embora, minha filha. O tempo será o seu professor, em vez de escolher a vida como mãe você a está transformando em uma madrasta perversa. Vai com Deus, o tempo e a vida madrasta que você está escolhendo serão os seus professores. Se tiver curiosidade procure saber por aí, nestas casas, como termina o tipo de história que você está começando a construir.

— Eu já vi. Mas aí já tô velha mesmo e já gozei de tudo o que a vida tem para me dar enquanto estou jovem. Pior é dispensar a minha juventude trabalhando pra, no tempo da velhice, ter coisas boas. O que é que um velho faz com coisas boas?

Mãe Dudu respondeu para ela:

— Faz o que faz Mãe Helena, distribui a sua bondade e o seu conhecimento para outras pessoas. Vai embora Zulmira, aqui não é a sua casa de Axé. Não temos o que você quer ter. Se algum dia mudar de ideia, nos procure.

Fiquei abobalhada com esta história, era o meu primeiro contato com situações deste tipo. Tinha 14 anos. Hoje estou com 46, e o meu sentimento é o mesmo: por que as pessoas, em vez de desenvolver a capacidade de trabalhar, de encontrar pessoas para namorar por seus próprios méritos e jeito de ser, escolhem uma coisa desta? Lembrei dos coronéis do interior da Bahia que contratam capangas para se vingar dos seus adversários. Mas o que eu assistira era bem pior porque trazia o crime sem flagrante. Que absurdo! Que inversão!

Naquele dia olhei para Mãe Helena com muito orgulho e agradeci a Deus por ter colocado na minha vida pessoas como ela, que me ensinaram a discernir sobre a eletricidade do meu corpo. E me sentia segura por saber que ela cuidava da minha iluminação espiritual para que eu não magnetizasse ou atraísse entidades iguais às que vira na Zulmira.

Cheguei em casa e contei a história para a minha avó, mãe de minha mãe, que por ser espírita kardecista não concordava que eu frequentasse a casa de Mãe Helena.

— É mesmo menina? No próximo sábado vou com você. Esta história mudou o conceito que tinha dessa Dona Helena.

— Conceito não, né vó! Tirou o seu preconceito.

— Que seja, que seja! Sábado vou com você.

— Não é assim não, vó. Sábado posso perguntar à Mãe Helena se a senhora pode ir, vou ver como arranjo isto.

Mãe Helena permitiu que a minha avó fosse. Ela adorou Mãe Helena. Pediu para ir durante a semana e Mãe Helena consentiu. A minha avó entendeu que na casa de Mãe Helena cultuava-se as Energias da Natureza, ajustava-se e alinhava-se a eletricidade do corpo humano. E não é que a minha avó fez até uns trabalhos de limpeza da sua eletricidade na casa de Mãe Helena? Só o meu pai se mantinha irredutível.

Um dia minha avó paterna chegou à nossa casa com o semblante muito triste. Eu estava assistindo televisão. Do lado da televisão tinha uma cristaleira antiga, com portas de vidro, que, à noite, com a televisão ligada, transformavam-se em espelhos. Você olhava a cristaleira e via o seu rosto. O meu irmão Múcio gostava de brincar diante da cristaleira, ele tinha 4 anos de idade e achava engraçado quando a cristaleira se transformava em espelho. Pois bem, minha avó paterna entrou na sala com o semblante muito triste e deu a notícia: "Mãe Helena morreu".

Tirei os olhos da televisão para a cristaleira. Fiquei me olhando, vendo as minhas lágrimas escorrerem. Meu pai gritou da cozinha: "Graças a Deus!". Olhei para ele e disse: "Nem quando um cachorro morre se dá graças a Deus! Mesmo se não conhecêssemos Mãe Helena, mesmo se eu não devesse a minha vida a ela, como pode se dar graças a Deus pela morte de alguém? Mesmo que fosse um desconhecido. Preste atenção ao que você está ensinando aos meus irmãos menores, porque graças a Mãe Helena você não me acessa mais com este tipo de lição. Não se dá, meu pai, graças a Deus quando uma pessoa morre, independentemente do tipo de relação que temos com ela".

Uma autoridade falava por mim, em mim, ali. Ele se calou e nem foi preciso que a minha avó se intrometesse. Eu disse aos meus irmãos menores: "Não aprendam isto. A morte de alguém não acrescenta nada em nossas vidas, muito pelo contrário, subtrai. Ainda mais quando a pessoa que morreu é uma pessoa como Mãe Helena".

Fui para o quintal chorar a minha dor, a minha saudade, a minha orfandade. O que seria de mim dali em diante?

Fui visitada pelo Meu Amigo Espiritual que me trouxe conforto. Entre lágrimas perguntei:

— Você sabe de Mãe Helena?

— Sim, sei. Ela está repousando nas Casas Astrais, descansando da sua imensa tarefa, muito bem cumprida aqui no plano terrestre. Não deixe o desespero tomar o seu choro e a sua dor; ela está bem.

— E eu, Meu Amigo?

— O que você acha?

— Entendo que estou melhor do que antes de conhecer Mãe Helena.

— Só porque você voltou a andar?

— Não, pelo que aprendi com ela. O que aprendi tornaram as minhas pernas mais úteis. É bom ter pernas quando se sabe para onde ir. Hoje sei que, por não saber para onde ir com as minhas energias, ajudei as minhas pernas a se paralisarem. Com Mãe Helena encontrei um caminho para seguir, e isto ajudou a trazer as minhas pernas de volta.

— Não é hora de você dormir?

— Ainda não! Prefiro chorar aqui no quintal. Não quero ficar ouvindo as bobagens do meu pai, a sua agressividade. Se me vir triste se aproveitará da minha tristeza para me martirizar ainda mais.

Meu amigo se foi, dizendo-me que outras pessoas como Mãe Helena, no momento certo, cruzariam o meu caminho.

Minha avó e minha mãe foram ao enterro de Mãe Helena. Preferi não ir, sabia que ela não estava mais ali. Preferi me despedir dela com o meu coração, que batia sofrido e rebatia com alegria por saber que Mãe Helena estava descansando e repousando perto do Meu Amigo no Mundo Espiritual.

Um outro dia soube, por ele, que ela havia escolhido ser minha mentora até que eu encontrasse uma outra pessoa para cuidar de mim.

— Quando vou vê-la? — perguntei ansiosamente.

— Quando a necessidade se apresentar.

E ali, com os meus 14 anos, passei a ter uma visão diferente do que é a morte: Mãe Helena se mudou para um tipo de país que só é distante para quem não acredita e não conhece o Mundo Espiritual.

8. Casas Astrais:
Ata de reunião sobre o início dos anos
1980 no calendário terrestre

Mais uma vez o Zelador Baltazar reúne a sua equipe cuja função é observar o comportamento, o desempenho e tudo o que envolve os sensitivos na parte material do planeta Terra. Ele abre a reunião:

— Meus queridos, pelas informações que recebi tenho certeza que uma divisão energética se estabelece na parte material do planeta. De um lado estão alguns religiosos que involuíram a disseminação do conhecimento sagrado, que se uniram à política, como na Idade Média. Fundaram religiões em busca de fiéis para depois transformá-los em eleitores para votarem neles em nome de Deus. Estes fiéis não são vistos como pessoas, suas necessidades espirituais não são saciadas, são apenas números para serem negociados nos sindicatos políticos; e estes falsos líderes religiosos fazem de tudo para aumentar o seu rebanho e ter um número maior para negociar cargos eletivos na política terrestre. Isto acontece em quase todas as religiões. Como previa o apocalipse, falsos profetas realmente se levantaram. Por outro lado, há um número muito reduzido de sensitivos que buscam trabalhar para a evolução e a conscientização espiritual. A tarefa para estes aumentou porque, além de precisarem estabelecer comportamentos que os diferenciem do outro (primeiro) grupo, precisam atuar de tal forma que não sejam transformados em gurus, desenvolvam força para não serem seduzidos e empurrados para esta inversão — como disse, há um número muito reduzido destes sensitivos. Zelador Alcir, fale-nos sobre as suas experiências.

— Infelizmente, Baltazar, o que acompanhei é um espelho das informações que você recebeu dos outros zeladores, o que me faz crer que estamos iniciando o movimento apocalíptico de transformação na parte material do planeta. Algumas seitas viraram negócios, utilizam a culpa como ferramenta para cegar e ensurdecer os seus discípulos. Penso que está na hora de orientar os sensitivos que trabalham para a conscientização na Terra a retomarem os trabalhos de autoconhecimento, de estudos astrológicos, para levar as pessoas a raciocinarem na interferência cósmica que as auxiliam a encontrar os seus caminhos através do autoconhecimento.

Zelador Moushan abre um questionamento:

— No entanto, a astrologia e o autoconhecimento foram ferramentas tão perseguidas que hoje estão banalizadas na Terra.

O zelador Alcir insiste:

— Apesar de concordar com você, acredito que é hora de fortalecer os sensitivos a se apartarem das seitas que involuem o conhecimento sagrado, voltando-se para terapias que levem as pessoas a pensar, a raciocinar sobre o seu próprio comportamento e o seu papel no mundo — claro que sei, também se manifestarão falsos terapeutas e falsos astrólogos, mas não vejo outra solução. É preciso levar os indivíduos a responsabilizarem-se por si mesmos, tomarem a vida em suas mãos, investigarem as suas sombras, as suas falhas de caráter para trabalharem para sua própria evolução. As religiões hoje disputam eleitores, e isto já era previsto, como disse o zelador Baltazar, pelas profecias Crísticas. Utilizaremos a sensibilidade de alguns dos sensitivos para ensinarmos, durante o sono, terapias e trabalhos que chamem a atenção para o autoconhecimento.

O zelador Baltazar se manifesta:

— Entendo as suas preocupações, Moushan, mas não podemos nos esquecer do livre-arbítrio. Cada um precisa se conectar com a luz e permitir que ela se introduza nas suas ações e sentimentos. É preciso que cada homem na Terra invista no que quer ver crescer: ou as falsas promessas dos falsos profetas ou tomar a vida em suas próprias mãos e se autoconhecer.

— É, meus amigos, é importante incentivarmos as pessoas a aprofundarem no livre-arbítrio —, insiste novamente Alcir.

Baltazar retoma:

— O estudo astrológico na História do Homem, desde os Sumérios até os dias de hoje, foi a ferramenta que mais revelou o homem para si mesmo. Um grande trabalho se inicia para nós. Vamos reunir os grandes astrólogos ancestrais que conhecem a astrologia antes de ser deformada por líderes religiosos e estadistas que não tinham interesse que as pessoas encontrassem o autoconhecimento. Vamos procurar os zeladores Sumérios, Incas e Maias. E, através do desmembramento escolheremos alguns sensitivos para estudarem e apreenderem a verdadeira astrologia. O critério de escolha será: força e determinação interna para se manterem nos caminhos do autoconhecimento. Vamos procurar os questionadores, os que estão insatisfeitos com a padronização e, através deles, retornarão para a Terra conhecimentos importantes sobre a ligação etérea entre o homem terrestre e outros planetas que giram com a Terra envolta do Sol. Será uma tarefa difícil, porém apurará com veracidade aqueles que escolheram os caminhos do autoconhecimento. As pessoas que buscam a superficialidade e as promessas falsas terão oportunidade, terão uma nova proposta para aprofundarem nos motivos e razões de suas vidas.

Todos concordam com Baltazar e iniciam os trabalhos.

9. Perdas e encontros

Um ano depois que Mãe Helena morreu, fugi de casa. Minha avó paterna, que me dava apoio e tinha autoridade sobre o meu pai, morreu seis meses depois de Mãe Helena, e aí a minha orfandade se multiplicou. Fugi de casa. Fui ajudante de caminhoneiro, morei em Poá e Ferraz de Vasconcelos, em São Paulo. Morei em Vitória, no Espírito Santo, trabalhei no banco. Fui desenvolvendo a minha vida. Muitas pessoas não me perdoaram por ter fugido de casa, alguns de meus irmãos, alguns tios e tias, mas cada um sabe de si: não escolhi a melhor opção, optei pela menos pior.

As incompatibilidades entre mim e meu pai eram muito grandes. A casa era dele e entendia que ele tinha o direito de conduzi-la como achava que tinha de ser. Assegurei-me do ditado popular que diz "os incomodados que se mudem"; e eu, incomodada, mudei-me. Sobre este período narro no livro *Chakras — a história real de uma iniciada*, e por isso não vou me ater em descrevê-lo aqui.

De volta à Bahia, conheci pai Damásio, um Babaloxirá do mesmo pensamento filosófico de Mãe Helena, também um dissidente. Como ele já era bem velho, fiquei com ele por seis meses. Me ajudou a retomar os ensinamentos de Mãe Helena. Fizemos limpezas energéticas para retirar aderências de energias indesejadas que estavam na minha aura procurando se infiltrar em minha rede elétrica. Fui informada, por ele, que isto não aconteceu pelo Buri que havia feito na casa de Mãe Helena. O Buri é uma iniciação na qual a energia da Natureza se soma à eletricidade do iniciado e há o burilamento deste encontro.

Com a morte de pai Damásio, procurei o senhor Humberto, que me conduziu à casa de Pai Nidê. Esta parte da história também está narrada no livro *Chakras — a história real de uma iniciada*.

Aqui retomo a minha história com fatos e Iniciações que não havia revelado em outros livros. Como já expliquei na Introdução, este livro foi editado por mim e pela minha equipe, para que fosse publicado exatamente como ditei, sem nenhum corte, sem nenhuma censura. Aproveito o momento para lembrar ao leitor que este é um *livro falado* sobre a minha vida e sobre uma cultura cujos conhecimentos são transmitidos oralmente. Para não inibir a minha fluidez e as minhas lembranças, deixei que se publicasse um livro falado, no qual naturalmente ocorrem vícios de linguagem, erros gramaticais e influências regionais; alguns erros de gramática surgiram, por ser um livro falado. Pode ser que alguns achem que agi de forma errada, mas tenho certeza de que outros entenderão que a linguagem oral é mais fluida, mais verdadeira, vinda do coração, da veia do sentimento e nestes momentos não nos preocupamos como o pensamento cartesiano conduzindo a nossa fala.

10. A casa, a família espiritual, os costumes, as bênçãos

A casa, a família espiritual, os costumes. Aquém dos portões, o desconhecimento, a ignorância, o preconceito.

Dizem que quem conta um conto aumenta um ponto. Atrevo-me a contar uma história apesar de saber que, diferentemente dos contos, quanto mais a conto mais a diminuo, mesmo sem querer. Esta história é validada para quem a vive, quem a experimenta e quem a isso não se permite, diminui, na sua leitura, a força e a vibração da história que conto.

Minha memória vai caminhando e trazendo-me lembranças.

Quando caminho com a saudade, tento, em vão, conter a velocidade, procurando sentir de novo emoções de momentos que não voltarão jamais.

A minha memória me leva e me vejo por dentro dela carregando a minha mochila e a minha ansiedade para querer ultrapassar o portão.

Dizem que as lágrimas se originam no sistema límbico, uma parte do cérebro. As minhas ultrapassam estas esferas: nascem no limbo da minha memória, escorrem por minha tela mental, na qual me revejo há 23 anos, no meio da minha vida, a contar dos 46 anos que tenho hoje.

A minha história para este capítulo começa depois que passo o portão, mas dou-me "ao luxo" de ficar aqui, parada, diante dele, pressentindo o prazer confortável da segurança e da compreensão que irão encharcar a minha alma ao ultrapassar o portão.

— Laroiê Exú! — toco o chão e peço a benção à terra.

Apresento as minhas energias para quem protege o interior da casa.

Proteger? Não, não é bem assim! Exú zela da segurança. Aprendi com a filosofia dos ancestrais que zelar e proteger são sistemas completamente diferentes.

Zelar é ensinar a crescer, a amadurecer, a ter ética para não precisar de proteção. Por outro lado, protege-se o que não tem condição de existir sem precisar de defesa externa. Assim sendo, Exú zela nos ensinando e nos ensina sem precisar de defesas e amuletos.

O portão da Casa dos Ancestrais é uma fronteira de muitos espaços e verdades.

Embora as realidades sejam as mesmas, a diferença está em quem passa. Por ser uma sociedade secreta, poucos são os que sabem com profundidade que entrar na Casa dos Ancestrais é uma imigração. Alguns são tratados como turistas — na sua maioria. Outros são recebidos como alunos e pesquisadores. Um grupo bem menor, que são mestres e profundos conhecedores desta milenar e secreta filosofia.

Para manter a tradição, prolongo, para o meu leitor, esta introdução com uma indagação:

"Como está você, agora, passando pelo meu portão? Ávido de informação? Ansioso para saber mais? Sinto informar que para turista só te falta uma máquina de fotografar. É preciso desaprender a pressa. Relaxar a tensão. Só assim o seu centro sábio se instalará para compreender com sensibilidade o que irá ler. Porém, se está calmo a ponto de perceber que vai ter a oportunidade de conhecer as primeiras letras de um grande segredo, tome a benção ao seu coração, ele já se encontra suficientemente zelado e amadurecido para alcançar a mensagem da Filosofia da Casa dos Ancestrais".

Laroiê Exú!

Minha mão, agora, toca o cadeado. Não tem chave. É preciso saber o jeitinho inventado pelo ferreiro Josimar, um Ogã de Ogun. Quem conhece o tal "jeitinho" faz o cadeado disparar e pode entrar sozinho na Casa dos Ancestrais. Se não, ao ver o cadeado, bate palmas e aí se vai um diálogo comum na Bahia:

— Oh, de casa!

— Quem chega?

— É de paz! Quem me mandou aqui foi o "Fulano de Tal".

"Fulano de Tal" geralmente é alguém ligado aos fundamentos da casa.

Quem chega com certeza já foi informado de que precisa saber entrar para poder permanecer.

Na minha memória, chega o tempo em que eu já sabia o segredo do cadeado.

— Benção Pai! Benção Iyá kêkêrê! Benção Pai Pequeno! Benção Ékéde! Benção Ogã! Benção a todos os filhos do Axé!

Agora é só esperar para escutar a resposta, cuja voz está fincada em raízes profundas de uma crença pautada no amor e na responsabilidade.

A benção, para a Filosofia dos Ancestrais, é extremamente importante, um longo aprendizado.

A confiança e a energia se infiltram na voz de quem pede. E quem ouve sabe decodificar o nível de sabedoria e de entendimento do aprendiz. Falo por mim: no começo de minha permanência na Casa dos Ancestrais pedia a benção a tantos e a todos, que era um hábito, o cumprimento de um dever.

Na medida em que o tempo foi passando e pessoas tão sérias foram me abençoando, meu coração se abriu para receber as energias carinhosas e aconchegantes das vozes sorridentes, que do fundo de sua alma me zelavam:

— Iemanjá que lhe abençoe!

Quando Iemanjá abençoa, cobre-nos com uma energia do sal e das ondas do mar, que tem como finalidade nos ensinar a identificar as leis justas da disciplina e da razão para serem cumpridas.

— Nanã lhe abençoe!

A benção de Nanã é um berçário de amor incondicional, que nos alimenta com a diversidade das vidas dos manguezais e nos aninha entre os espinhos da vegetação com a mesma força e virtude dos espinhos nas roseiras. Ai de quem erga a mão agressiva sobre um abençoado de Nanã; o seu zelado não perceberá a mão, quem sabe um aceno de adeus de quem ainda nem chegou, enquanto o agressor aprenderá — ou não — com a sua mão o fruto de sua agressividade.

— Oxun que lhe abençoe!

Ai, meu Deus! A benção de Oxun traz à nossa boca o gosto do mel silvestre e contamina a nossa pele com o frescor de um banho de cachoeira. Ser abençoado por Oxun nos faz sentir o suor descansado da boca ao peito que suga o leite, o amor. Oxun alimenta e ama.

Saudade de mãe Olga, agora. Quando recebia a sua benção, o dia era tranquilo e sereno.

— Ewá que lhe abençoe!

A benção de Ewá tem a ver com o destino. Chama-nos à razão, para o que queremos ser na vida, onde queremos investir a nossa força e doar o nosso sangue para que cresça no mundo um espaço para nós e para os herdeiros que pensam e sentem como nós.

Ewá é a senhora dos destinos, por ser a energia da imprevisibilidade. Andar com Ewá é aprender a se destinar, a fomentar um ponto de partida, impedindo que a imprevisibilidade da vida nos impeça de chegar aonde almejamos.

A benção de Ewá nos ensina que destino é o ponto de partida; o ponto de chegada depende de outras bênçãos e de vontade própria.

— Obá que lhe abençoe!

Obá é quase uma cobrança, mais do que um conselho e menos que uma imposição. Entre o sal e o doce, nos limites da disciplina e da gentileza. E é para lá que as bênçãos de Obá nos conduzem, para aprendermos a ser firmes e flexíveis, a ponderar sem subtrair.

Enigmática Obá, abençoe-me mais uma vez para que eu tenha a coerência de cumprir a minha missão com este livro.

— Iansán que lhe abençoe!

Epa Rei, mamãe Iansán! Tua benção me enche de alegria e festa.

Um abençoado de Iansán se transforma em um sorridente magnetizador. É uma benção brejeira, quase uma dança, um múltiplo de um canto, um raio trovejador. Arrepia o corpo e contrai a nuca — é ela, com seus raios e lampejos, que nos lambe a alma e purifica nosso espírito.

— Balé que lhe abençoe!

A benção de Balé é como um "vá em paz" e "que a vida lhe acompanhe".

Balé abençoa com os olhos, e os olhos de Balé são como uma lua cheia na escura imensidão dos perigos: acorda os músculos e desperta a sensibilidade. Um corpo abençoado por Balé é como um radar, um farol que nos ensina a andar sem tropeçar, a levantar antes de cair, a desenvolver antes de nos macular com as intrigas da frustração.

— Oxalá que lhe abençoe!

Esta é a benção mais importante. Oxalá é o pai de todos os outros Orixás, então, quando Oxalá abençoa traz junto com a sua benção a força de todos os outros Orixás. Ser abençoado por Oxalá é reconhecer, no fundo da sua alma, que tem um pai superior que olha e observa o nosso desenvolvimento.

Quando Oxalá não abençoa é porque não está satisfeito com os caminhos escolhidos pelo Iaô e, nestes casos, Oxalá responde antes de abençoar: "Quero que você preste atenção às suas izalas para perceber como vem se conduzindo".

Quando Oxalá chama atenção para as nossas izalas, informa que há uma fome muito grande na nossa alma e, por não sabermos lidar com esta fome, podemos invadir, buscar caminhos mais fáceis, infringir a ética para conseguirmos saciar esta fome que não se sacia nunca por estarmos alimentando a sua existência. O que sacia esta izala é voltar a percorrer um caminho ético para que Oxalá nos responda e nos abençoe.

— Bessém que lhe abençoe!

Quando Bessém abençoa, esta benção promove em nós muitos questionamentos e nos incita a pensar na nossa sabedoria e habilidade. Bessém é a sabedoria e a habilidade, é quem une o céu e a terra.

Ser abençoado por Bessém significa que estamos andando na terra respeitando as leis sagradas do céu.

Quando Bessém não abençoa nos incita a observar as nossas habilidades, como estamos lidando com elas.

Bessém não aceita espertezas para substituir a habilidade e a sabedoria. Por isso receber uma benção de Bessém é muito difícil para aquele que não quer e não pretende andar na Terra respeitando as ordens do céu.

— Ogun que lhe abençoe!

A benção de Ogun é uma benção de força, que nos prepara para a luta da vida, para enfrentar os obstáculos com ética e firmeza. E aí é necessário a benção de Oxun para, junto com a benção de Ogun, aprendermos a ter bom senso nos nossos momentos de luta e nos nossos momentos de guerra.

Ogun é um guerreiro que vence porque todos sabem que a sua vitória torna vitorioso quem ganhou e, ao mesmo tempo, quem perdeu a guerra. É isto que ensina a benção de Ogun no nosso dia a dia, no nosso cotidiano: quando perdemos, aprendemos que estamos ganhando outra coisa, e só perdendo compreenderemos este ganho. E que, quando ganhamos a guerra, quem perdeu para nós, ganhou algo de outros.

Ogunhê Patakuri Jaçi Jaçi!

— Oxóssi que lhe abençoe!

A benção de Oxóssi nos inspira a estudar, ler poesia para saber colocar o conhecimento de forma filosófica e poética.

A benção de Oxóssi retira a frieza do conhecimento e o transforma em uma dança, telúrica e lúdica. Transforma o conhecedor em alguém que sabe transmitir os seus conhecimentos sem impingir o outro. Um abençoado por Oxóssi convida o outro para aprender como se o chamasse para dançar e recitar poesia.

Oxóssi ensina-nos a namorar com nós mesmos e mantém a energia do namoro. Namoro, na amizade, é ter um carinho profundo pelo amigo. A benção de Oxóssi nos ensina o namoro dos amantes. Oxóssi nos mostra, com a sua benção, como ele conquistou a doce Oxun com as suas palavras doces, cativantes e poéticas.

A benção de Oxóssi nos ensina a caçar com todo o respeito pela presa, ensina-nos a escolher um trabalho mais identificado com a nossa energia, para que o dinheiro adquirido com este trabalho seja limpo e não promova choques na eletricidade do nosso corpo, levando-nos a adoecer por sermos um mau caçador.

— Xangô que lhe abençoe!

Xangô só nos abençoa quando estamos caminhando dentro da lei. Onde há dízimos e dívidas, a benção de Xangô não se instala. É preciso que se vá reparar o devedor, que se vá pagar a dívida para receber a benção de Xangô.

— Oxaguian que lhe abençoe!

Oxaguian só nos abençoa quando agimos respeitando a nossa pele. Respeitar a pele é respeitar o corpo. Se estamos cometendo alguma extravagância ou exagero com o nosso corpo, Oxaguian não reconhece a nossa pele e aí é preciso que se reparem os exageros e as extravagâncias para que a nossa pele brilhe e alcance a benção de Oxaguian.

— Oxalufan que lhe abençoe!

Benção difícil de conquistar porque Oxalufan só abençoa o bom pai, a boa mãe, o bom professor, o bom médico, o bom filho e aí por diante. Oxalufan só abençoa quem trata com respeito a sua profissão, a sua família e todas as outras pessoas.

A benção pai, a benção Oxalufan, me ensine, pai, a me erguer como um bom para alcançar a sua benção.

— Irôko que lhe abençoe!

Irôko é o tempo. Humm... outra benção danada de difícil de se conquistar porque Irôko é o tempo e o tempo só abençoa quem caminha pareado com ele. E quando é assim, todo dia Tempo nos abençoa com uma atividade para concluir, com a condição de socorrer alguém.

Quando estamos totalmente fora do Tempo, o Tempo não nos conhece e em nenhum dia somos abençoados por ele.

A benção de Tempo nasce todos os dias para aqueles que caminham com justiça. A benção de Tempo nunca nasce para quem escolhe os caminhos injustos das dívidas e dos dízimos e, aí, é preciso corrigir para que Xangô, com a sua benção, nos apresente a Tempo, a Irôko.

— Ossanhe que lhe abençoe!

Somos abençoados por Ossanhe cada vez que respeitamos o reino vegetal.

Não se pede a benção a Ossanhe com a boca: a benção de Ossanhe vem pelos ventos de Oxóssi nos trazendo o que Oxóssi tem; a benção de Ossanhe nos alcança pelas bençoes de Iansán e nos fortalece com a benção que esta benção tem; as bençoes de Ossanhe nos vêm pelas bençoes de Bessém.

— Ewássa Ossanhe!

Quem zela e respeita o reino vegetal é um curado por Ossanhe e, quando este adoece, Ossanhe faz cair sobre ele o unguento certo para a retomada da saúde.

Ossanhe é o mago da floresta, é quem tem a responsabilidade de abençoar os bons e deixar quem anda destrilhado doente, para aprender com a sua doença a voltar para o trilho.

— Ewássa Ossanhe!

— Omolu que lhe abençoe!

Omolu é o dono da terra e a sua benção nos vem pelos pés. Aquele que não respeita o chão que pisa, que cospe no prato que come recebe o contra-axé de Omolu.

Contra-axé é a retirada da força de caminhar. Omolu encurta a terra e fecha os caminhos para que esta pessoa não venha a macular ainda mais o chão que pisa. Os seus caminhos são fechados e a escuridão recai sobre ela até que beba o cuspe do prato, beije e respeite o chão que pisa. Aí Omolu volta a alargar a terra para que este curado da arrogância e da inveja caminhe e alcance toda circunferência da terra que Omolu rege.

Atotô Papai! Ensine o meu coração a respeitar a terra que pisa, a respeitar o coração das outras pessoas, já que o coração é a terra humana. Atotô, meu velho, me ensine a caminhar sem macular, com o meu pisar, as estradas e os caminhos que o senhor alarga para mim.

— A benção Ibeji!

A benção de Ibeji nos enche de alegria e nos faz sentir crianças de novo.

Ibeji são as forças infantis de todos os Orixás. Então receber a benção de Ibeji é receber a benção da criança pura e limpa que foi cada Orixá no seu tempo de criança.

A benção de Ibeji nos faz voltar a ser crianças para nos construirmos com a dignidade de todos os Orixás.

A benção de Ibeji nos enche de pureza para que venhamos a ser dignos das promessas do céu.

Ibeji só abençoa quando não encontra impurezas na alma de quem lhe pede a benção.

— Você não "du pai"! Você não "da mãe"!

Embora Ibeji nos chame de "du pai" e "da mãe", nestas horas

ele está dizendo: "melhorem, tomem a benção a todos os Orixás e, quando todos lhe abençoarem, a minha benção será um mergulho no seu coração levando o pote de ouro de Bessém para o seu peito; a doce água de mamãe Oxun para o seu hálito; as palavras comoventes de papai Oxóssi para a sua fala; o fiel da balança de papai Xangô indicando que você é um justo — enquanto eu não sentir o cheiro de sal de mamãe Iemanjá como posso lhe abençoar?... e assim por diante". Ibeji nos transforma em crianças e a sua benção é nos ensinar a pedir, e merecer, a benção de todos os Orixás.

Hoje as minhas memórias estão vivas nos meus trabalhos, nos meus livros e continuo todos os dias a tomar a benção a todos os Orixás. Não é sábio se acreditar um abençoado: o ego humano é um rio sem fundo de cascatas imprevisíveis que pode nos levar a espatifar em uma pedra e flagelar a nossa vida.

É sábio se acreditar sempre ainda não abençoado, assim pareamos com o Tempo e o Tempo dispara a benção de todos os Orixás. Eu as sinto nas linhas que escrevo e, principalmente, no sentimento que inunda o meu coração para as escrever e, quem sabe, cativar um leitor e despertá-lo para as bençôes que existem e são reais no Santuário da Natureza.

11. "Iaô, bota tua cabeça no pé, tu vive se distraindo com as coisas que você vê"

Era um lindo dia de sol.

Lindo? Dia? Sol?

Para quem não conhece a Bahia pode parecer um jeito muito pouco original de se contar uma história. Para que este acidente não leve o leitor a escorregar no que pensa ser ausência de originalidade, cabem, aqui, algumas explicações:

Na Bahia tudo é lindo! Num é, meu lindo?

— Oi, minha linda! Cê viu Chiquinho de Ceiça lá? Lindo! Nem parecia um velório, naquele caixão parecendo um anjinho, tão lindo! Foi um dos velórios mais lindos que eu acompanhei.

— Chiquinho da Ceiça, morreu foi? Menina, tu não me diga isso assim! Olhe, me deixe até eu me sentar, pois eu tô vindo de um lugar completamente diferente. Por falar nisso cê tá linda, hein, assim toda de preto. Formosa!

— Ai, Dandinha, é que a gente aqui só usa preto em velório, não é? Mas tu devia estar lá. Oh, enterro lindo! O padre disse aquelas palavras lá dele, daquelas que a gente não sabe onde começa e onde termina. Mas que tem aquele "tête-à-tête" tão lindo. E Pai Joaquim também foi. Cê sabe não? Chico de Ceiça era Ogã do terreiro dele — Pai Joaquim tava lindo! Tava de preto não! Tava de branco e levava a faixa de Ogã pra ir no caixão de Chico de Ceiça.

— O que menina? Tu não me conte isso. Num deu barulho, não foi? Vixê! Tô toda arrepiada! Essa história tá ficando linda!

— Então escute o resto! Tu não me deixa falar, mulher! Por falar nisso, esse colar é de pérola verdadeira, é?

— É nada! Comprei na ladeira de São Bento, na mão de um camelô. Linda, não é?

— Linda mesmo! Se não tivesse que te contar o resto da história do Chico da Ceiça iria agora mesmo atrás do camelô. São Bento, né?

— É menina! Onde tem aquela árvore linda, junto da igreja. Mas agora me conta o barulho!

— Olhe, Dandinha, foi barulho que só o céu mesmo pra resolver. Menina deu guerra de santo, guerra de guia! Era o padre com o crucifixo dizendo que a faixa não ia... Uma faixa tão linda! Não sei porque o danado do padre cismou com a faixa. Dizia ele, lá naquele seu jeito de entender Deus, que a faixa não ia deixar Chico da Ceiça entrar no céu.

— Que ousado! Não é Glorinha?

— É menina! Ele dizia isso de forma tão linda, cheia de palavras e dizia *defuntorium* e *spiritum*, tudo tinha um "orium" ou um "tum".

— Oh, Glorinha, num tava ele rezando em Yorubá, não?

— Ah, isso eu já não sei! Quem sabe, né? Aquele jeito dele meio afrancesado. Falar nisso, a França é linda, não?

— E como é que cê sabe, mulher? Tu já foi lá?

— I de ir, assim, caminhando com os meus próprios pés, não! Mas já fui de cabeça, num cartão postal tão lindo, que vi lá pela igreja do Bonfim.

— Mas criatura do céu... Por falar em céu, o céu tá lindo hoje, não tá? Também, Chico da Ceiça, filho de Oxalá, bom pescador, amigo de tudo o que é rico e de tudo o que é pobre — nem enriqueceu o coitado — vendia fiado pros ricos e não recebia o preço pago e pros pobres dava o peixe de graça, o danado. Me conte, vá!

— Ah, cê nem me fale! Era o padre no *defuntorium* lá dele dizendo que a faixa não ia no caixão. Mas que bobagem do padre! O céu tá lá, em cima de todo mundo, e quantas vezes o céu de meu Deus viu o Chico da Ceiça usar aquela faixa?

— E tu não disse isso pra ele?

— Menina, e dá pra conversar com aquele homem! Ele vem

com aquele francês tão lindo, que a gente até se perde do que ele diz, pela beleza de como ele fala. Mas Pai Joaquim não! Disse que a faixa ia, que era do homem, e que Ogã sem faixa tá nu! Foi um tal de tira a faixa e bota a faixa! Aí o povo se revoltou-se todo. Ói Dandinha, foi lindo mesmo ver aquele povo todo falar, mais lindo do que o palavrório defuntório do padre! Mas foi mais lindo quando Pai Joaquim disse: "E tu é dono do céu todo, é homem? Você manda os seus pro céu do lado de lá que eu mando os meus do pro céu do lado de cá e, lá em cima, Xangô e São Pedro é que podem pôr fim nessa discórdia".

— Menina, foi mesmo? Pera aí, pera aí, deixe eu pegar um papel pra eu não esquecer dessa frase.

— E tu vai escrevê no papel de presente, Dandinha?

— E num vô? Uma frase linda merece destaque e presença. Pera aí que eu vou caprichar na letra, vou passar no moldurista pra ele botar uma moldura... De que cor era a faixa de Chico da Ceiça?

— Azul, ele era Ogã de Iemanjá.

— Então uma moldura azul. Vai ficar lindo, não vai?

— Vai sim, Dandinha, vai ficar lindo.

Assim se explica o lindo da Bahia. Quem lê, logo vê que no início da minha história não faltou originalidade.

Esta foi a minha escola, os meus professores, quem iam me levando a aprender sobre céu, terra, divergência, poder, cultura, crença, ética, firmeza e decisão.

Cheguei na roça e chamei Ogã Fernando no portão.

— Ô, Iaô, que atraso foi esse, criatura? Pai Nidê já deu três voltas na varanda esperando as folhas. A vela de Oxalá já tá acesa. Você sabe que não pode perder o horário de acender a vela.

— Pai Ogã, nem te conto! Me atrasei porque fiquei ouvindo uma história...

— Iaô, Iaô bota tua cabeça no pé, tu vive se distraindo com as coisas que você vê. E por que é que você não entra logo?

— Aí é que tá a história, Pai Ogã! Eu fiquei ouvindo um bafafá de um cortejo de velório.

— Hum, Hum, credo em cruz! É esse seu lado de Balé, pera aí que eu vou pegar abô pra te banhar e banhar as ervas. Ai se Pai Nidê descobre...!

Ogã Fernando era homem de "responsa" e respondia para que os rituais acontecessem sempre em harmonia.

Enquanto esperava no portão, refleti o quanto era séria a energia que separa a morte na Terra para a vida no céu, que a energia da morte tinha mesmo que ir para o céu, não podia entrar no ritual de vida que Pai Nidê preparava. Vi Ogã Fernando carregando dois baldes de abô. Abô é um banho de ervas especiais que tira dos vivos a energia da morte, para que a energia da vida volte a agir para quem toma esse banho.

— Embora, menina, tira a roupa.

— Ô pai, e eu vou ficar nua aqui no portão?

— Ah, mas vai ficar sim! E eu vou perder o meu tempo jogando banho de abô nas suas roupas? A energia da morte não quer pano, quer pele. E vamos logo, aproveita que não tá passando ninguém no caminho. Depois você se enrola naquele lençol que deixei no muro de Tempo; depois vai para o barracão de Baba-Egún, já deixei lá uma roupa de ração pra você. Hoje tem, na roça, um trabalho de Axêxê. Enquanto me banhava, me contava:

— Hoje a Bahia perdeu um grande Ogã, Francisco do Dagomé, Ogã de Iemanjá.

Quis lhe contar sobre o motivo do meu atraso, mas ele já tinha me dado banho, me rezado, me soprado pemba e passei nua pelo portão. Enquanto me embrulhava no lençol que peguei no muro do Orixá Tempo – Tempo é o Orixá que abençoa todos os rituais do axé – pensei em Chico da Ceiça: "Como será que a gente entra no céu? Com faixa, sem faixa, ou nu cheirando a abô?"

Entrei no barracão de Baba-egun e de lá escutava os vozeirões de Pai Nidê e de Pai Joaquim abrindo o ritual de Oxalá. Pensei — "já fizeram o Padê de Exú, essa eu perdi!". E enquanto vestia as minhas vestes de Iaô escutava:

"Oni sai orê Caolafé
Oni sai orê Ó Beri Omam
Sai orê
Caolafé Babá
Oni sai orê O Beri Omam"

Tomei a benção à Iemanjá. Tomei a benção à Bessém, meu Orixá, respondi ao chamado da benção de meu Pai Nidê e de Pai Joaquim, e fui ajudar no Axêxê. Pensei na história do padre que escutei perto da igreja de São Lázaro, uma das muitas igrejas da Bahia que o povo do axé tomou conta. Lá o padre não os repele, como poderia? A pequena história que se contava sobre São Lázaro, mesmo que grande ela fosse, perdia-se entre as letras das canções das romarias e dos balaios e balaios de pipoca para Omolu. Este é um sincretismo da Bahia. São Lázaro para os católicos e Omolu para o povo que cuida da terra todo dia.

Não eram todos os terreiros que aceitavam este sincretismo. A casa de meu Pai Nidê, por exemplo, não aceitava, mas no culto popular sempre nos encontramos com pessoas que aceitam este sincretismo.

No enterro do padre a faixa que dizia, quem impedia e maldizia a vida de Chico da Ceiça. No Axêxê no Axé todos os Balalaôs, Iyalôrixás e Balalorixás, Iyá kêkêrês e Pais Pequenos, Ékédes e Ogans, Alabês, Ebamis, Iaôs e Abians contavam alegres e cantavam alegres o viver do Chico da Ceiça e dos peixes que na sua rede sempre vinham para alimentar pobres e ricos.

A noite foi chegando e este foi mais um lindo dia de sol da minha Bahia.

O que eu aprendi? Ah, isso eu não vou contar. Não há letra que escreva, não há palavra que determine, não há certeza que dê tamanho ao que aprendi, e quem quiser aprender é preciso começar a entender o que é, e como é, um lindo dia de sol, aí por aí, ali e acolá, onde você estiver.

Agora era a hora da comida do Axêxê, o povo se espalhava na roça, no terreiro. Uns chorando inconsoláveis — para mim que vinha de outra cultura conseguia distinguir o foco da falta do consolo: não era pela morte de Chico da Ceiça, era da saudade do seu jeito de tocar o couro e de gritar a saudação aos Orixás nas festas de rituais. Era um choro limpo, era uma saudade útil, não tinha desespero nem desmaios, nem um sinal ou frase que me indicasse que a vida para alguém tinha acabado. A viúva dava de comer aos filhos e dizia sempre:

— Seu pai tá no que vocês aprenderam com ele, e eu vou tá

aqui pra lembrar a vocês todos os dias.

— Carece não, mãe. Carece não.

Mas não havia, e não havia, desespero. E eu procurando fugir das vistas de Pai Nidê, adiando a bronca pelo meu atraso.

— Oh, menina, venha cá. Por que é que quando eu chego você some?

— Pra ver se o senhor se esquece, Pai, do meu sumiço no Padê de Exú.

— Tem bronca não, minha filha. Eu não sei o que você estava fazendo, mas Iemanjá, aqui no meu peito, me dizia que você estava precisando aprender. E aonde você andava aprendeu o que tinha que aprender?

Quis lhe contar da conversa de Dandinha e Glória. Mas, ele me interrompeu:

— Eu só quero saber se você aprendeu, mas não responda a mim. Quero só que você pense. O seu dia a dia me mostrará.

Sentei no pé do abacateiro e fiquei pensando em Chico da Ceiça. Onde ele estaria agora? Ali? Assistindo à festa?

Levantei e dei uma volta por todo o terreiro — como eu vejo os espíritos, se ele ali estivesse eu o veria. Uma coisa estranha aconteceu comigo, eu sentia que ele estava ali, vai ver estava se escondendo de mim, não queria que eu o visse, quem sabe até temendo que eu contasse para os outros.

Voltei para o pé de abacateiro com esses pensamentos. Eu estava muito cansada, depois de um longo e duro dia de trabalho. Acabei por dormir ali mesmo pensando no porquê Chico da Ceiça não se apresentara para mim. Eu sabia que ele estava ali. Ah, estava sim! Além de ver os espíritos, sinto a sua presença e eu sentia a presença do Chico da Ceiça. Será que não procurei direito? Mas eu nunca procurava ver os espíritos, eles é que apareciam para mim.

O cansaço do corpo, o sono que se abatia e eu não queria dormir, o meu raciocínio não deixava.

"Iaô bota tua cabeça no pé, tu vive se distraindo com as coisas que você vê" – Lembrei das palavras de Ogã Fernando e dormi. Um sono leve, daquele frescor das noites de novembro. Dormi e sonhei com o Chico da Ceiça.

Era assim o sonho:

"Havia um rapaz bem alto vestido com umas roupas estranhas, que falava comigo com muita intimidade. De onde eu o conhecia? Da escola? Do banco?...

"Iaô, iaô bota tua cabeça no pé, tu se distrai com tudo".

E o tal rapaz falava e apertava a minha mão. Mandou-me sentar em uma almofada.

— Então você sentiu o Francisco, mas não o viu.

— Você tá falando do Chico da Ceiça?

Ele sorriu e o seu sorriso confirmava a minha pergunta.

— Conte-me. Como foi isso?

Eu comecei a falar sentindo o meu corpo inteiro. A distração tinha ido embora e eu fiquei à vontade, como se conversasse com um grande amigo.

— É que eu vejo os mortos como se fossem vivos.

— Eu sei.

— E também sinto a presença deles. Eu andava no terreiro e sentia a presença de Chico da Ceiça, mas ele não quis se mostrar para mim.

— Foi esta a sua conclusão?

— Não sei se é bem uma conclusão. Foi a única resposta que encontrei.

— Você está satisfeita com esta resposta?

— Claro que não, mas fazer o quê, não é?

Ele tocou a minha testa e eu tive um sonho, dentro do sonho: Me vi de volta ao terreiro da roça. Estavam quase todos lá e tive uma visão impressionante. Vi muitos Chicos da Ceiça, e todos eram o mesmo, envolta das pessoas que estavam no terreiro da roça. Isso nunca havia me acontecido, e a minha cabeça começou a fazer uma pergunta atrás da outra...

"Iaô, bota a tua cabeça no pé, tu se distrai com tudo..."

Voltei a olhar os Chicos da Ceiça. Em vão tentei conversar com as pessoas, elas não me ouviam e não me viam.

Vi o meu Pai Nidê conversando com Pai Joaquim e me aproximei deles. Junto de cada um deles havia um Chico da Ceiça. Por fração de segundos tive a sensação que meu Pai Nidê me via. Ouvi a sua pergunta à Mãe Neuza:

— Cadê Iaô?

E também ouvi a sua resposta:

— Tá ali, cochilando no abacateiro.

Nem perdi o meu tempo de olhar para o abacateiro, pensei que Mãe Neuza se enganara e concentrei minha atenção em todos os Chicos da Ceiça. Tentei me comunicar com cada um deles, também não ouve resposta. Será que eu tinha perdido o jeito de conversar com os espíritos? Será que eles não me viam mais? Será que...? Será que...?

"Iaô, bota tua cabeça no pé, tu se distrai com tudo..." Obedecendo a ordem de pai Ogã, pude ver melhor que cada Chico da Ceiça, embora fosse o mesmo, a depender de quem acompanhava, a sua expressão era diferente.

Todos eram o mesmo Chico da Ceiça, porém uns estavam rindo, outros chorando, outros pensativos, outros preocupados, e passei a prestar atenção nas pessoas que Chico da Ceiça fazia parceria, "Incrível!", pensei. O sentimento de cada pessoa era o mesmo que eu via no Chico da Ceiça que a acompanhava.

Senti uma leve tontura e enigmaticamente eu estava de novo sentada na almofada, diante do meu grande amigo desconhecido, e ele agora fazia alguns toques nos meus pés.

— Viste Chico da Ceiça, como vocês chamam o Francisco?

— Cara, bicho, cara, que loucura!

Ele riu do meu espanto, ou do meu modo de falar, ou das duas coisas ao mesmo tempo.

— Tá rindo de quê, ô mané? Cê nem sabe o que eu vi. Sabia que você tem cara de bobo?

— E o que é cara de bobo?

— Ah, sei lá! Tem muitas caras de bobos.

— E qual é a cara de bobo que você vê em mim?

— A cara que eu faço quando eu sei, que quem pergunta, conhece a resposta. Tá na cara! Meu velho, tá na sua cara que você sabe que eu vi Chico da Ceiça ou Francisco, sei lá!

— E o que entendeu?

— E tem o que entender?

— Agora quem está com cara de boba é você.

— Malandro, você é dos meus!

— Malandro? O que significa isso para você?

— A gente usa malandro para falar de muita coisa. Mas, malandro para mim é quando eu simpatizo com a figura com quem estou conversando. É o meu jeito de dizer "meu amigo", sei lá. Não entenda como uma ofensa.

— Eu sei que não é uma ofensa, eu me vi em você na hora que falou malandro, eu me vi aí, pertinho do seu coração, alegre, rindo e bem recebido.

— Cara, você se viu em mim?

— Do mesmo jeito que você se viu em mim, quando eu fiz a sua cara de boba.

— Pois é, vi muitos Chicos da Ceiça. Contei para ele o que eu vira e ele solenemente me respondeu.

— Você não viu nenhum Chico da Ceiça. Logo, logo vou levá-la para vê-lo.

— Cara, você não está entendendo eu tô falando que vi muitos Chicos da Ceiça.

— Cara, você não está entendendo você não viu nenhum Chico da Ceiça. O que você viu são memórias corporais que cada uma daquelas pessoas tem do Chico da Ceiça.

Não soube por quê, mas não me espantei com a sua explicação. Algo em mim, não sei onde, suspeitava dessa revelação.

— É isso que é a morte?

— Isso é o morrer do Chico da Ceiça. Não existe a morte, existe o morrer.

— Caramba! Quanto tempo leva isso?

— Para aqueles que conduziram o Chico da Ceiça para o coração, sem pesar, sem dor, sem sofrimento e dão continuidade natural às suas vidas, essa parte do Chico da Ceiça morre mais rápido. Para aqueles que carregam a dor da perda do Chico da Ceiça, como se fosse uma cruz sobre os seus ombros e desviam-se do caminho natural de suas vidas, prolongam esta parte do morrer do Chico da Ceiça.

— Isso não é bom, não é?

— É, não é bom. Agora vou te levar para ver o Chico da Ceiça.

Conduziu-me a uma espécie de jardim muito florido, de uma luz solar intensa, mas que não provocava nenhum calor.

— O sol daqui tem a sua própria brisa.

— Ei cara, você lê pensamento?

— Chame isso como quiser, eu acredito que sinto o seu sentimento, mas entenda como puder.

E lá estava o Chico da Ceiça dormindo, tranquilo, sorrindo. Algumas pessoas estavam em volta dele, simplesmente o observando — eu acho.

— Estas pessoas estão recebendo o Chico da Ceiça, acomodando o seu sono, o seu sonho, o seu descanso.

Procurei o Meu Amigo desconhecido, ele não estava do meu lado, mas continuei a escutá-lo falar:

— Agora é você quem lê os meus pensamentos ou sente os meus sentimentos. Há muitas formas de comunicação.

De repente eu o vi do meu lado, de novo.

— Vamos, você precisa voltar.

— Cara, por falar nisso, onde é que eu estou? Como é que eu vim parar aqui? Eu tô sonhando?

— Dê tempo ao tempo. Estas respostas ficarão para outro dia.

— Posso lhe fazer mais uma pergunta?

— E tem como eu lhe impedir? Faça a sua pergunta.

— O Chico da Ceiça chegou aqui com faixa ou sem faixa?

— Uma faixa não é um pano, ela não tem nenhum significado se o que nela está escrito não pertence ao coração de quem a carrega.

De repente acordei no pé do abacateiro. Acordei devagar, meio zonza e vi o meu Pai Nidê do meu lado. Procurei os Chicos da Ceiça e não os vi mais.

— Tome este gole de Jurema, menina.

— Pai, o senhor pode sentar aqui, junto de mim?

Sentou como resposta. Contei-lhe o meu sonho e ele me ouviu calado, pensativo.

— Que sonho é esse, Pai?

— Menina, isso não é um sonho.

— E o que é? Perguntei.

— Faz parte do seu caminho aprender sozinha. Agora venha dormir, você está muito cansada. Beba um gole de Jurema.

Jurema é um vinho sobre o qual se canta e se reza e os cânticos e as rezas transformam o vinho em uma bebida sagrada.

— Pai, pela resposta do homem do sonho, finalmente o Chico da Ceiça chegou no céu com faixa ou sem a sua faixa de Ogã?

— Vá dormir menina. Vá dormir.

12. Iniciação com Omolu

Embora Pai Joaquim pertencesse ao mesmo grupo da Cultura Afro-brasileira, ele não era um zelador ou Ogã da nossa casa, da nossa roça. Mesmo assim meu Pai Nidê tirou trinta dias de resguardo, o que significa paralisar os trabalhos e cultuar apenas o necessário.

Passado o resguardo, ele me chamou e me pediu que contasse novamente o sonho do Chico da Ceiça. Surpreendentemente eu não havia esquecido e relatei passo a passo o sonho especial.

Ele levou-me ao quarto de Ifá, lugar sagrado e preparado para cultuar o Oráculo de Jogo de Búzios.

— Omolu, que é o Orixá da Terra, responsável pelas doenças e pelas curas, tanto dos vivos quanto dos mortos, sugere mais uma iniciação para você.

— Como é isso, Pai, da cura dos vivos e dos mortos?

— O que você viu no seu sonho, minha filha, os múltiplos Chicos da Ceiça que você viu é a parte egún que fica na Terra quando as pessoas vão para o Mundo Espiritual. A parte egún negativa são sofrimentos, preocupações, dízimos, dívidas, atitudes inadequadas, desrespeitosas, desvios encarnatórios, erros e tarefas incompletas de quem partiu para o Mundo Espiritual. A parte egún positiva são benfeitorias, alegrias e atitudes benignas, também construídas por quem partiu, e estas partículas de energia ficam espalhadas pelo solo da Terra, esperando a pessoa adequada para recaptá-las e lhes dar utilidade de novo. Muitas vezes ficam até esperando o retorno de quem partiu. Já a parte egún negativa precisa ser tratada para não ser captada por pessoas que desencarnaram e se mantêm aqui na

Terra. Se desencarnou e não partiu para o Mundo Espiritual sente fome, frio, sede e guarda em si uma perversidade e crueldade incompreensíveis. O povo do Axé tem como uma das tarefas limpar a Terra deste tipo de espírito, que nós chamamos de ganga.

Lembrei-me da Iaô Zulmira e contei a história para o meu Pai Nidê. Como ele tinha a mesma filosofia de Mãe Helena reafirmou o que ela havia me ensinado:

— Estes gangas prometem auxílio, mas sempre são auxílios negativos, de vinganças, de aquisições que, de verdade, a pessoa não teria direito. Nunca vi nenhum deles patrocinando a paz ou a luz, ou buscando entendimento — concordo com Helena. Que bom que você já fez este aprendizado. Na realidade são almas perdidas que desencarnaram insatisfeitas consigo mesmas, revoltadas, sem luz e se alimentam de diversas fontes liberadas por seres humanos que têm comportamentos semelhantes aos que estes gangas tinham antes de desencarnarem. Por isso precisamos limpar a parte egún negativa mesmo daquelas pessoas como Chico da Ceiça, conhecidamente um homem que fez mais bem do que mal ao mundo. Pessoas da família, amigos ou inimigos que não conseguem libertá-lo mantêm perto de si essas partículas da parte egún negativa que poderão trazer doenças e infortúnios e, andando por aí, no seu viver, poderão encontrar um ganga que use essas partículas da parte negativa do egún como alimento, fortalecendo sua sombra, impedindo e atrapalhando o trabalho da espiritualidade sutil, que tem como tarefa resgatá-los para um caminho luminoso.

— Eu estou com essas partículas negativas, Pai?

E ele, solenemente me respondeu:

— O Oráculo de Ifá, ou jogo de búzios, prevê um longo trabalho, uma longa jornada para o seu futuro. E para que no seu corpo não venham a se agregar energias negativas desta parte de egún, Omolu lhe sugere uma Iniciação. Você quer fazer?

Minha resposta foi simples e objetiva:

— Sim! Quando começará?

E ele me respondeu:

— Isto aí dependerá de você e de Omolu.

Uma semana se passou sem que ele voltasse a tocar no assunto. Como já o conhecia, sabia que precisava esperar.

Passada a semana ele chamou a mim, Ogã Fernando e mais dois Ogans, Alziro e Leninho. Disse-nos que precisa ser feito um trabalho perto da casa. Pediu-nos que cavássemos um buraco de 3,50 metros de profundidade por 1,20 metros de largura.

Na hora nem associei, nem pensei que aquela tarefa já era o início de mais uma Iniciação. Levamos dias cavando o tal buraco.

À noite eu estava muito cansada, tinha muitos sonhos, mas não me eram claros, eram apenas sensações e sentimentos de ter viajado e conhecido pessoas novas, reencontrado amigos, e quando acordava não os reconhecia, não me lembrava de onde os conhecia.

Chegou o dia da medição do buraco. Estava de acordo com as medidas pedidas por Pai Nidê.

Ele colocou uma escada e me disse: "Agora desce".

Jogou-me umas ervas orientando como espalhá-las no fundo do buraco. Algumas para o norte, outras para o sul, outras para leste e outras para oeste — não revelarei aqui quais foram as ervas, mas não eram ervas comuns. Não recomendo que nenhuma alma banal faça mau uso desta minha narração, se a faço tenho um por quê, que só o tempo responderá. Espalhadas as ervas conforme a orientação de Pai Nidê, orientou-me que sentasse segundo uma posição do sol, que também não revelarei por fazer parte do ocultismo desta Iniciação. Mandou-me aguardar que logo, logo ele voltaria. Retirou a escada e retornou com uma imensa tampa de madeira, fechando o buraco.

Nos primeiros minutos, não sei precisar quantos, mantive-me calma, esperando e, ali, entendi: se era Omolu um Orixá da terra, principiava-se a minha nova iniciação.

O tempo foi passando, mas naquela escuridão não havia como prever. Tudo o que se faz perder a noção do tempo estavam comigo naquele momento, principalmente a ansiedade.

De repente vi que alguém removia um pouco a tampa. "Que alívio!" — pensei — "Havia terminado a minha Iniciação", quando vi uma corda descer trazendo uma garrafa com água e a luz sumir na escuridão do buraco.

Bebi a água, procurei um lugar para urinar e me lembrei dos cães cavando buracos para deixar suas urinas. Defequei da mesma forma, e o tempo foi passando. Tentei contar os segundos nos dedos para marcar os minutos, para marcar as horas e vi a ansiedade aumentando. A minha cabeça dizia "o meu Pai Nidê não é louco, ele sabe o que está fazendo", mas esses raciocínios não me vinham pela razão, vinham pelas dúvidas e pelo medo. E o medo foi aumentando, perdi completamente o controle, gritei, pedi socorro. Em socorro, o silêncio e a solidão. Dormi e, em sono ou em sonho, lembrei do meu Pai Nidê dizendo-me que eu determinaria, junto com Omolu, o início da minha Iniciação. Isto me fez despertar mais calma.

Passei a contar, pela minha urina e defecação, o tempo que eu deveria estar ali. Mais uma vez a luz invadiu o buraco, desta vez trazendo uma marmita com comida — mingau de aveia e arroz. Tentei me comunicar com quem abria o buraco: silêncio como resposta.

O medo voltou, muitas fantasias passaram por minha cabeça: que eles iriam me matar, que eu iria morrer. E o ar? Se faltasse ar morreria sufocada.

Pensar na morte me fez selecionar o que achava que tinha feito de bom e o que tinha feito de ruim. Inexplicavelmente, já não me sentia mais só e ali comecei a minha Iniciação. Defecar me fazia pensar sobre o que eu comia, de como me alimentava em todos os níveis. Lembrei-me do alimento da raiva, que me trazia a falsa coragem para guerras inúteis. Lembrei-me do alimento da música, que me transportava para as suas notas e acordes a ponto de fazer parte delas. Eu sempre gostei muito de cantar. Cantei para Omolu:

"Eh quelê pipoca ê
Quelê pipocá
Aê Aê ê quelê pipocá"

Cantei para Bessém, meu Orixá:

"Angoró senhor
Senenganga ajauntali
Senenganga ajauntali"

Cantei para todos os Orixás. Cantei para Oxun:

"O nhem nhem nhem
O nhem nhem xorodô

é o mar
é o mar fefé
xorodó"

Cantar para Oxun me refrescou. Bebi a água da garrafa.

Dormi e tive pesadelos terríveis, de mãos monstruosas que queriam me pegar, mas não conseguiam relar o dedo em mim; vi rostos horríveis, ouvi risadas aterrorizantes. Despertar e ver que tudo tinha sido um sonho me confirmou que não era um sonho, era outro tipo de realidade que, pelo sonho, eu começava a acessar.

Parei de contar xixi e cocô e deixei a minha cabeça pensar na minha trajetória, nas minhas passagens pela vida e nos meus amigos, que eram muitos.

Mais uma vez a escuridão diminuiu trazendo-me uma garrafa de água e uma marmita com banana da terra cozida — uma das comidas do meu Orixá, da minha força vital. Orixá é, inclusive, força vital.

Os sonhos monstruosos se foram e passei a sonhar com os meus projetos de cantar. Quem sabe até gravar um disco? Ou trabalhar com turismo, que era uma coisa que eu gostava muito.

Pensando naqueles sonhos, já tinha certeza que não era um sonho, sabia que acessava um outro tipo de realidade.

E mais água e mais comida... a comida agora era um arroz com banana da terra picada. Os sonhos se modificaram, eram totalmente vazios de imagens, lembranças ou recordações, mas me faziam acordar forte com uma alegria que eu não sabia de onde vinha e, ao mesmo tempo, sabia: vinha de algum canto meu, que eu conhecia naquele momento, por meio de uma imensa tranquilidade na consciência.

Não sei quanto tempo se passou, mas naquela tranquilidade entendi o que era a felicidade. Eu estava feliz e a minha Iniciação me ensinou que felicidade é consciência tranquila.

Passou um tempo sem que viesse água ou comida.

As minhas fezes e urinas trouxeram um cheiro insuportável, que me fez cavar para cobri-las com mais terra. Não havia aquele cheiro ali antes. Aquele era o meu cheiro, ou um dos meus cheiros, que a minha cultura branca, de classe média, não havia me ensinado a conhecer, era só dar descarga e pronto! Isto faz com que a gente não pense nos alimentos, que na natureza são perfumados e saborosos. Se você cavar a terra, colocar uma manga e cobri-la com terra, mais tarde você vai lá, retira a terra e a manga é a mesma. Mas o que passa pela boca do homem, quando sai, mostra a força de nossas vísceras, a fome das nossas vísceras. E aquele cheiro, que antes nunca havia pensado, fez-me refletir muita coisa. Era como se o espaço fossem dois: um produzido pelos cheiros que o meu organismo não mais queria e outro trazido pela felicidade de uma consciência tranquila.

Já não pensava mais no tempo ou há quanto tempo eu estava ali — até hoje não sei — uns disseram, depois, 3 dias, outros 5 ou 7 dias.

Até que chegou o dia que a tampa se abriu por inteiro. Não consegui olhar para o sol, para o céu e escutei a voz de Pai Nidê: "Informe quando você quiser sair daí".

Mas eu não tinha vontade de me levantar, alguma coisa me dizia que faltava algo para aprender. Por não suportar a luz do sol fechei os olhos e, neste momento, soube que não vivia na escuridão porque o sol produzia a luz que me fazia enxergar. Pensei em quantos sabem e quantos não sabem que o que nos faz enxergar não são os nossos olhos, é a luz do sol e que, quanto mais preparamos o nosso olhar, mais aprendemos a ver, não só a claridade, mas o que diz e o que quer ensinar a claridade solar.

Quando os meus olhos estavam preparados para a luz do sol, meu corpo se ergueu e eu chamei pelo meu Pai Nidê. Uma, duas, três vezes.

Ele voltou trazendo a escada e antes de subir lhe perguntei:

— O senhor não me ouviu chamar?

E ele me respondeu:

— Quem chama aguarda. Tem que aprender a aguardar, se não aprender, dará a mão ao primeiro que chegar. Aprenda isto porque, de tudo o que você passou, é só esta parte que me cabe lhe ensinar.

Sair do buraco, subir a escada era uma experiência transcendental. Os degraus, o compasso entre a mão e o pé para não escorregar. Impossível descrever o que foi todo aquele aprendizado. Não havia ansiedade, não havia pressa.

Olhei meu Pai Nidê e ele parecia outra pessoa. Olhei os Ogãs, as Ékédes e a sensação era a mesma: havia algo de diferente neles. A casa estava diferente. O que era?

O roncó estava diferente. Mãe Neuza me banhava e ela estava diferente, a água, as ervas... "Meu Pai Nidê, vocês estão diferentes, tudo está diferente."

Ele chamou a todos, mandou-me olhar a casa, o roncó, e me perguntou o que estava diferente. Não sabia responder porque, embora estivesse tudo do mesmo jeito, mesmo assim tudo estava diferente. Ele explicou e me fez entender que quem estava diferente era eu, era a minha forma de ver, ouvir, sentir e captar as pessoas.

Tomei uma sopa com abóbora, quiabo e banana da terra e dormi durante dois dias. Os sonhos eram *flashs*, rostos; dentre os rostos reconheci o do Meu Amigo Espiritual – nesta época não sabia o seu nome e o chamava simplesmente de "Meu Amigo".

Quando acordei, meu Pai Nidê e Ogã Fernando levaram-me para dar uma volta na cidade. Conclui que a minha visão enxergava as coisas com mais profundidade: os mendigos, a superficialidade das pessoas, o faz de conta dos magazines em dar crédito para quem não tem dinheiro para comprar.

Uma profunda transformação se passou no meu interior e eu passei a ver a vida por outro ângulo que, embora me atemorizasse, também me dizia que cada pessoa passa pelo que quer passar.

Eu entendi que cada um de nós tem uma tarefa a cumprir, quando e como somos nós que decidimos. Como foi comigo no momento em que eu decidi parar de contar os dias pelas minhas fezes e demarquei o momento de principiar a minha Iniciação com a Terra.

Foi assim, foi assim mesmo, foi mesmo assim.

13. Iniciação com Iemanjá

Um profundo silêncio se abatera na minha boca sempre falante e a razão deste silêncio se devia à forma como eu passara a ver as coisas. O mato, por exemplo, deixou de ser um aglomerado de verdes e passei a chamá-lo de *a mata*. O mato me trazia uma impressão fútil, desconhecida. A mata me fazia compreender que cada planta tem a sua razão de ser, o seu remédio, o seu veneno, o seu reconhecimento e a sua proteção. Tornei-me mais tolerante com as pessoas.

Eu estava em uma casa de Iniciação da Cultura Afro-brasileira e era um estranhamento para os negros que estavam ali me ver aprendendo as forças do Axé. Embora Pai Nidê fosse branco, os seus sessenta anos de convívio com a Cultura Negra fez com que ele conquistasse o respeito. E eu, o que era? Pensariam eles: "Uma mística louca em busca de uma experiência alucinante para contar em rodas de *hippies*? Daria o valor? Reconheceria a medicina, a ética e a filosofia daquela Cultura?". Estas dúvidas os levavam a me tratarem sempre com hostilidade e medo. Não respondiam as minhas perguntas.

— Paciência, minha filha, comigo foi assim também — dizia-me Pai Nidê. Ainda está na memória, consciente ou inconsciente, a difamação e a degradação que os brancos causaram a esta Cultura.

Algumas vezes dava para segurar, outras eu explodia.

Depois do processo de Iniciação de Omolu, vi que as minhas explosões certificavam as dúvidas deles e que eu ainda não estava pronta.

E agora será que eu já estaria? O que faria com aqueles aprendizados? Questionava todas as minhas atitudes; parei de justificar os meus erros e compreendi a hostilidade. Com o passar dos tempos eles mudaram comigo, passaram a me tratar melhor, as desconfianças foram embora. Até que um dia ouvi de Pai Wilson:

— Oh, menina, tu é a Iaô branca mais preta do nosso terreiro!

— Será, Pai Wilson? Eu já fui bancária, cantora, sei lá. Com o passar do tempo as coisas vão perdendo a importância para mim. Será que isso não se repetirá aqui no nosso Axé?

Pai Wilson era o segundo homem depois do meu Pai Nidê, era o Pai Pequeno do terreiro. Pai Pequeno é pessoa de confiança do Babalorixá da casa.

E ele me respondeu:

— Você está conosco há mais de quatro anos. Ter deixado coisas no caminho indica que não eram valores para você. Assistindo o desempenho do seu trabalho, eu vejo você caminhando, cada dia, mais para dentro dos mistérios e não fugindo pelo portão. Você tem andado calada, tá triste?

Olhei para ele sem responder. Não tinha uma resposta para aquela pergunta. O que era tristeza? Se tristeza era estar desagradada com o dia a dia, não era o que eu sentia, muito pelo contrário. Mas, se tristeza era reconhecer valores onde a maioria das pessoas não dá a menor importância, então eu estava triste. Triste comigo mesma, por ter passado tanto tempo olhando a natureza e chamando-a de mato. Lembrei do meu pai, derrubando as árvores para fazer a casa da fazenda. Lembrei-me de não ter me incomodado com isso, afinal de contas a fazenda era dele, as árvores eram dele. Agora eu sabia que as árvores pertenciam a elas mesmas. Um novo universo despertava e sensibilizava a minha consciência.

Mais de um mês após a Iniciação com a Terra, meu Pai Nidê voltou a me chamar no quarto sagrado de Ifá para uma consulta ao Oráculo de Búzios. Ele me disse:

— Iemanjá quer mostrar uma coisa para você. Iemanjá é a força natural, vital das águas salgadas. Posso começar a preparar a Iniciação?

— Sim, Pai Nidê.

Saí do quarto sagrado de Ifá muito contente. O mar tinha algo para me mostrar, Iemanjá me viu, e eu sentia como se todo mundo estivesse me olhando. Era mais do que isso: quando o Babalorixá propõe uma nova Iniciação significa um aumento de confiança nos caminhos do seu Iaô aprendiz.

Não perguntei quando, não me preocupei com isso, eu já havia aprendido que *quando* é uma palavra fútil. *Quando* é querer marcar um encontro com o tempo. É o tempo quem marca os seus encontros. Ocupei-me em cuidar das hortas, em aprender sobre o viver de cada erva, sua eletricidade, suas necessidades. Os dias foram passando e um dia meu Pai Nidê me fez um convite para passear de barco — obviamente percebi que nos encaminhávamos para uma nova Iniciação — "Leve o seu maiô e uma roupa para o frio", foram as suas únicas palavras. Íamos no carro calados e às vezes ele me olhava, como se perscrutasse o meu momento, até que me perguntou:

— Menina, você não vai me perguntar nada?

— Perguntar o quê, Pai?

Chegamos ao porto e lá estava Marinaldo com o seu saveiro. Entrei com a minha sacola e com a minha roupa de frio. Eu já estava vestida com o maiô.

Era um dia de segunda-feira, uma segunda-feira de dezembro, mas não me lembro mais da data. O dia estava bem quente e fiquei pensando nas roupas de frio...

Em Salvador tem um forte de nome São Marcelo e perto deste forte tem um muro longo, onde pescadores, amadores e profissionais vão pescar de vara de anzol.

A embarcação encostou no muro, eram umas 10 horas da manhã. Pai Nidê me entregou uma garrafa de água e me disse: "Amanhã, nessa mesma hora eu venho lhe buscar" e se foi.

Com a chegada do sol do meio dia a minha pele começou a se ressentir, pois não havia nenhuma cobertura. Vesti uma camiseta e procurei proteger as minhas pernas do insistente furor do sol.

As horas foram passando.

É linda a visão da Baía de Todos os Santos. Vi os barcos passando ao longe, barcos que traziam turistas e barcos grandes que não sei o que traziam.

Lá pelas tantas, eu quase já não tinha mais água e pensei como seria bom se tivesse alguém vendendo cerveja, mas não tinha.

A noite foi chegando devagar. Eu pensava na noite chegando

e não vinham com ela as estrelas... "E já teria dado tempo para a chegada da noite?", pensei.

Não era noite, era o céu se fechando para a chegada de uma daquelas tempestades de verão.

O tempo mudou e nuvens escuras esconderam o sol. Só nesse momento me dei conta dos fins de tarde de verão que trazem as tempestades. Olhei o muro e vi que ele tinha mais ou menos três palmos de largura. Medindo o muro vi que era a chegada do medo, mas não deixei que ele tomasse conta de mim. Estava ali porque queria. Não pensei se o me Pai Nidê sabia o que fazia, como pensei na minha Iniciação com a Terra de Omolu — na realidade só tomei conta deste "não pensamento", agora, que estou escrevendo. O que pensei naquele momento é que já aprendera a confiar nas forças da natureza: eu estava ali respondendo ao chamado de um Orixá e ele cuidaria de mim; eu estava ali para aprender e não para perder tempo com pensamentos inúteis.

Comecei a cantar uma canção de Dorival Caymmi: *"O pescador tem dois amores, um bem na terra e outro bem no mar..."*

A chuva começou a cair. Ocupei-me em encher a minha garrafa já quase vazia.

As ondas começaram a se acalmar. A tempestade deve ter durado uns vinte minutos e deixou um lindo arco-íris no céu. Uma ponta dele caia dentro das águas, bem perto de onde eu estava. Pensei em pular e ir até o arco-íris, mas algo me disse "fique onde está". Com o passar da tempestade as águas se acalmaram e o arco-íris ficou mais nítido. O arco-íris é uma parte do meu Orixá, que é representado na terra pelas serpentes e no ar pelo arco-íris, que é a serpente etérea do céu. Fiquei contente por estar tão perto da eletricidade do meu Orixá. Sentia arrepios. Sentia a sua presença ali.

Logo depois chegaram as estrelas, a lua, e o arco-íris se foi. A lua bem cheia e as estrelas bem nítidas, nenhuma nuvem mais. Aí chegou uma brisa, uma brisa fria, lembrei-me da blusa de frio e percebi que estava com fome, já era noite e eu havia tomado só o café da manhã, mas não tinha o que comer e eu parei de pensar na fome. Foquei em olhar o mar, o seu balanço, as nuvens e as estrelas e pensei: "os pescadores que pescam nesse muro devem estar para chegar" — não sabia que eles não iam lá às segundas-feiras. Fui assistindo o rodar da lua. Parecia que ela mudava de lugar, ou era a minha visão turva que olhava as águas cada vez mais calmas.

Olhei o Cruzeiro do Sul e fiquei pensando em como aquelas estrelas se agrupavam daquele jeito. E agrupamentos passaram a tomar conta dos meus pensamentos.

O nascer do sol foi esplendoroso. Vi-o chegando devagar, clareando o dia e pensei no retorno do meu Pai Nidê. Em vão tentei fazer uma lista do que havia aprendido, mas os ensinamentos não estavam à disposição da minha cabeça: estavam no meu coração, no meu sentimento, na minha sensibilidade, na minha rede elétrica.

O que diria a ele quando me perguntasse? Não havia nada a dizer. Ele chegou às 3 horas da tarde, dizendo que o barco de Marinaldo havia quebrado e que esse era o motivo do seu atraso. Perguntou-me o que eu queria.

Eu estava muito alegre, com vontade de cantar, de dançar e só consegui pensar em uma cerveja gelada.

Entrei no barco tomando cerveja com Marinaldo que me falava da peça quebrada. Dizia-me, quase como um pedido de desculpas:

— Olha, dona moça, eu só larguei a senhora ali pela confiança que eu tenho no Pai Nidê.

— Tudo bem, Marinaldo, tá tudo certo.

Meu Pai Nidê me contou que havia ido visitar uns amigos na Ilha de Maré, que qualquer dia me levaria lá. Contou-me que a comadre dele tivera um filho e como era esperto o menino.

Chegando na roça do terreiro, encontramos Mãe Neuza apreensiva. Ela nos aguardava desde o meio dia e já passava das 6 horas da tarde. Deixei meu Pai Nidê explicando sobre o problema com o barco e fui ao quarto de Iemanjá tomar a benção, depois segui para o roncó. Roncó é o quarto sagrado onde se toma banho de ervas, aprende-se a cantar e dançar para as Divindades da Natureza.

Cada canto e cada dança tem uma razão de ser. Alguns são para alinhamento energético, para que as energias circulem sem nenhum obstáculo pelo nosso corpo, trazendo e deixando a sua força e os seus ensinamentos, que se manifestarão nos nossos processos de transformação, nas nossas atitudes e no nosso burilamento pessoal. Outros cantos e outras danças são agradecimentos ao valor que as Energias da Natureza doam para nós, seres humanos. Há ainda outros cantos e danças para limpeza de energia, retirada de impurezas oriundas de falta de caráter, da falta de ética. Essas são as danças do Malembe. Malembe significa pedido de misericórdia para que as Energias da Natureza não desistam de nós, apesar das nossas imperfeições.

Fui para o roncó tomar os meus banhos de ervas e dançar para Iemanjá, que é a força vital do mar; dançar para Bessém, que é a força vital da sabedoria, da habilidade e da diplomacia e dançar para Ewá, que é a energia vital das águas da chuva — das chuvas e dos caminhos — "aonde quer que se vá e pretenda chegar, dance, cante e coma para Ewá" — essa é uma reza mística. Foi isso o que fiquei fazendo no roncó: dançando e comendo para esses Orixás, para que eles deixassem em mim sua força vital e seus ensinamentos. Fiquei recolhida no roncó por 21 dias dançando, comendo e rezando para que as forças do mar me mostrassem o mundo, para que Bessém me desse sabedoria e habilidade, para que as forças de Ewá me fizessem enxergar os meus caminhos. Durante o dia eram essas as minhas tarefas.

À noite, ao dormir, tinha sonhos incríveis, via no quarto canais de luz. Eu já sabia que não eram sonhos, sabia que acessava um novo tipo — novo para mim — de linguagem e comunicação.

Voltei a sonhar muitas vezes com o homem alto que me recebera na almofada e me levara para ver o Chico da Ceiça. Num desses sonhos, nos quais me encontrava sempre no mesmo espaço e na mesma almofada, iniciei o nosso diálogo com uma pergunta. Ele me interrompeu e disse:

— Hoje quem faz as perguntas sou eu. Quem é você?

— Há mais tempo eu ia achar que você estava com cara de bobo me perguntando sobre as respostas que você já tinha. Hoje sei que você me pergunta quem sou eu para me levar a pensar no que eu sou.

— Com esta resposta você já respondeu a minha pergunta. O que você quer?

— Saber a essência da vida, por que estamos aqui, por que passamos pelo que passamos. Queria entender a dor, o sofrimento, a fome e a abundância, uma sempre tão distante da outra.

— Com o passar dos anos essas respostas lhe virão. Você já escolheu uma profissão?

— Eu não sei o que é uma profissão. Meu pai queria que eu fosse advogada. Comprei alguns livros para entender a função dos advogados, acompanhei um primo meu nas suas funções advocatícias e o que estava escrito era tão diferente da prática! Não me interessei. Não entendi. O que é mesmo uma profissão? Luta de interesses, trilhos que separam mais a fome da abundância. Profissão, mesmo, eu acho que talvez, cantar.

— Por que cantar?

— Cantando você leva as pessoas a pensarem, a sentirem, a prestarem atenção às mensagens das músicas.

— Você poderia cantar para mim uma música que você acha que faz isso tudo?

— São tantas...

E cantei para ele *Construção* do Chico Buarque. Ele me disse:

— O meu trabalho com você se encerra aqui. Eu te acompanho desde os oito anos de idade.

— Mas nunca te vi, tenho certeza.

— Na esfera terrestre você nunca me viu, mas eu te acompanhava. Você sempre sonhava comigo de diversas formas.

Fui lembrando de um sonho no qual eu conversava com um passarinho, um outro sonho no qual eu conversava com uma pedra. Brotavam sonhos na minha recordação.

— Eu era o passarinho, eu era a pedra. Até naquele sonho com a pipa, lembra?

Se minha cabeça não entendia, lá com a razão dela, algo muito maior em mim entendia o que ele dizia.

— Isto é expansão de consciência. A mente, quando descobre a consciência, cala-se nas suas razões e permite que a consciência nos traga um outro tipo de linguagem, de forma de aprender. O meu trabalho terminou com você.

— Você pode me dizer que trabalho era esse?

— Observar, sem interferir, se você conseguiria adquirir, com os aprendizados que a vida lhe trouxe, opinião própria sobre tudo. Foi este o meu trabalho, e você aprendeu e desenvolveu opinião. Aprendeu a buscar elementos para construir opinião com maturidade. Você precisará muito disso na sua trajetória de vida.

— Engraçado você dizer isto. Sempre que manifesto a minha opinião sobre os fatos e acontecimentos, meus pais, alguns professores e outras pessoas me chamam de arrogante, atrevida, espótica e sempre me perguntam quem sou eu para opinar.

— Quem é você? Muita gente lhe perguntará, inclusive você mesma. Cada tempo que se vive é um. E este tempo constrói a mutação que nos tira da estagnação do passado, constrói transformações que nos renovam e que abrem as nossas mentes para uma nova consciência.

Arrogante, atrevida e espótica são adjetivos; dar adjetivos a pessoas, aos fatos e aos acontecimentos é atitude de quem não construiu opinião própria diante do que vê. Adjetivos são palavras que podem ser combatidas.

— É verdade! Me lembro da minha mãe me chamando de madura e responsável.

— Embora sejam elogios não deixam de ser adjetivos. Você quando opina não utiliza adjetivos porque aprendeu a ter opinião. Meu nome é Alcir Veloso. Embora o meu trabalho termine com você, no futuro voltaremos a nos encontrar. Não se afaste das suas opiniões, elas agradarão alguns e agredirão outros, mas a função da opinião não é agredir ou agradar, a função da opinião é construir em você, e em todas as pessoas, uma consciência que consiga se corresponder com muitas linguagens e com a pluralidade de existências. Continue no seu caminho e não se preocupe quando errar na opinião; uma opinião errada é uma das formas de aprender a opinar certo.

Apertou as minhas mãos e senti uma alegria profunda, algo me dizia que havia muita amizade nas minhas mãos e nas dele.

Acordei ainda sentindo a força daquelas mãos nas minhas.

Contei o meu sonho ao meu Pai Nidê, que ouviu e disse:

— Quer saber de uma coisa? Eu concordo com ele. Você realmente é uma pessoa de opinião e isso me licencia a outras Iniciações para que você aprofunde no conhecimento da cura, das doenças, dos caminhos e dos descaminhos.

Tirou o meu colar de Iaô e entregou o meu colar de Ebami. Estes colares são como os diplomas dos brancos — eu não sei muito sobre os diplomas da cultura branca, não sei o que os licencia, mas os colares e brajares da Cultura Negra não nos confirmam sabedoria, nos informam o quanto ainda temos que aprender.

14. Iniciação com Nanã

Do que posso relatar sobre as Iniciações, descrevo os meus sentimentos: era como se algo se renovasse em mim, uma vontade determinante de viver. Logo eu, que me sentia perdida e sem direção, encontrei nestes rituais um mundo e o caminho para chegar a este mundo.

— Habilidade, minha filha. A diplomacia, Bessém irá lhe ensinando conforme o seu amadurecimento.

— Posso entender, então, que a parte de Iniciação que fiz com Bessém não deu resultado?

— E o que é um resultado, menina? Quero você pensando nisso: resultado.

Lembrei-me do Meu Amigo do sonho especial, aconselhando-me a manter a minha opinião. Que opinião eu tinha sobre resultado? Algumas conclusões me vieram à cabeça, mas eram muito banais: o resultado de uma soma, um remédio para uma doença, mas não era nada disso! Depois de muito pensar, conclui que resultado não era nada disso porque é tudo isso. Resultado é o que fica, é o que permanece, é o que demarca um limite. Compreendi claramente que a pergunta que eu fizera ao meu Pai Nidê era expectativa de resultado e entendi a sua resposta.

Expectativa de resultado é querer saber o que se vai colher antes de plantar. "Entrega inútil!", "Ilusões!" — pensei.

Um tempo depois ele me chamou para conversar. Relatei-lhe os meus pensamentos e ele me respondeu, lá no seu jeito irônico de ditar um desaforo e um conselho:

— É menina, pelo que você está falando, já vejo o tal resultado do trabalho para desenvolver habilidade da sua Iniciação para Bessém.

Deu de ombros e saiu rindo. Este era um comportamento costumeiro nele, que me fazia sentir idiota, zombada, diminuída. Mas neste dia não foi assim, estava começando a entender a linguagem dele, a sua falta de paciência quando eu inibia a minha inteligência para não chegar às minhas próprias conclusões. Então não era zombaria e nem humilhação, era irritação justa e bem medida.

Descobri-me amando aquele homem, ele andando de costas para receber alguém no portão e, não sei de onde, o meu peito se abriu com respeito e agradecimento. Quando retornou me disse: "Se prepare, branca azeda, porque quem te chama agora é Nanã e com Nanã a Iniciação é forte!".

Os dias passaram. Já como Ebami aprendi a fazer Despacho de Odí, que é um ritual no qual se utilizam determinados grãos, legumes, verduras e unguentos preparados no axé para limpar as pessoas de energias negativas de egúns. Cada erva com a sua função, cada legume com sua tarefa, cada unguento com sua costura para que a energia negativa não volte a se infiltrar na pessoa que passa por esse ritual. É um ritual bem forte e impressionante — já vi pessoas mudarem comportamentos, abandonarem vícios, melhorarem doenças crônicas depois de um Despacho de Odí.

Uma das interpretações da palavra Odí é estagnação. E, energia negativa estagnada adquire peso, consegue se infiltrar no corpo material, na consciência, no inconsciente e no sistema límbico das pessoas.

"Ebami, faz favor." — Mesmo quando recebi o brajá de Ebami, meu Pai Nidê continuou a me chamar de Iaô, e esta foi a primeira vez, se houve uma segunda eu não me lembro. Até mesmo quando recebi o meu Deká, que é a confirmação de 21 anos de Iniciação, ele me perguntou: "Tá feliz, Iaô?". "Ebami"?!! Ai, ai! Aí vem coisa!

"Tô aqui conversando com sua mãe e já tá tudo combinado. Fale com ela." Peguei o telefone, ela me cumprimentou e disse que poderia contar com ela para tudo. Eu, meio surpresa, fora do chão, agradeci e desliguei o telefone.

"Prepare as suas coisas porque depois de amanhã nós vamos

para Cacha Pregos." Senti a energia da expectativa querendo se infiltrar para fazer perguntas tolas. "Não vou irritá-lo mais, vou aguardar" — decidi.

— Não se esqueça do maiô, viu? Pega uma mala em cima do meu guarda-roupa. Escolhe a mais velha, coloca todas as suas roupas dentro, menos as roupas de ração e de ritual, essas roupas aí que você vai para o "badalo". Quem lhe deu esse relógio?

— Foi Nilton.

— Aquele que está em Belo Ó?

Quando uma pessoa já desencarnou, dizemos assim: "Está em Belo Ó". É um mantra, é um axé para que, sempre que pensarmos na pessoa, não magnetizarmos, de forma negativa, esta lembrança, como se ela estivesse no mundo material.

— Sim pai, o que foi para Belo Ó.

— Então coloca este relógio na mala também. Vê aí nos seus discos, melhor dizendo, em tudo o que você guarda, o que recebeu de quem já está em Belo Ó, coloca dentro da mala.

Como nunca fui de acumular muitas coisas, havia alguns discos, um relógio, como também não tinha muitas roupas, nem precisei da mala. Coloquei tudo em uma sacola de papelão.

No dia certo partimos para Cacha Pregos, Pegamos o *ferry boat*, que é uma embarcação que nos leva para a ilha de Itaparica, e ele mandou que eu dispensasse a sacola no meio do mar. Depois pegamos uma Kombi que nos deixou a 30 metros da casa de minha mãe. Ela estava nos aguardando. Meu Pai Nidê tinha muito carinho por ela, todo mundo tinha porque ela tinha carinho por todo mundo: rico, pobre, prostituta, dama... Nada era empecilho, minha mãe tratava todo mundo com dignidade. Era amada por todos, e meu pai detestava esse jeito "meio socialista, comunista, democrata, sem discernimento, sem noção", como ele a rotulava. Assim era a minha mãe. Ela gostava muito do meu Pai Nidê e tinha muito agradecimento pelo zelo que ele me dava. Fora tudo e tudo fora, eram duas pessoas que seriam amigas de qualquer jeito, gostavam das mesmas músicas e era uma delícia assisti-los conversar. Ali não era o meu Pai Nidê, o homem cheio de responsabilidade que não podia errar nunca, era o amigo trocando receita com a amiga.

— Gengibre, Pai Nidê? Na moqueca? Nunca ia pensar nisso!

— Ovo estalado em cima do requeijão quente, Mércia? E raspas de coco no mingau de tapioca?

Trocavam receitas e riam. Passeavam de braços dados pela praia, pareciam pai e filha. Eu os deixava lá e apreciava como é bonita a amizade e o respeito quando duas pessoas se alcançam. O efetivo é o que sentem uma pela outra, o que acreditam ou deixam de acreditar, o que descordam ou concordam fica no quinto ou vigésimo plano.

No dia seguinte, às 3 horas da manhã, ele me acordou:

— Veste o maiô e vamos embora — me disse.

— Ai, Pai Nidê, deixe-me assistir — minha mãe lhe pediu.

— Olhe minha filha, melhor não. Eu não vou deixar que esta Iniciação, que sua filha precisa passar, crie entre nós qualquer coisa diferente do que a gente já tem.

Olhei para minha mãe para perceber como ela havia recebido esta resposta. Tinha uma expressão no rosto dela: Medo? Ausência de convicção?

"Vão com Deus, viu? Deus vai estar com vocês, eu tenho certeza disso!" — a falta de convicção era tão óbvia que eu e meu Pai Nidê gargalhamos juntos.

Ela ficou nos olhando do portão. Minha mãe... Portão é o que ela sempre foi para mim. Quando mãe, abria o portão. Quando portão, abria o seu lado mãe para me entender e aceitar as minhas decisões tão diferentes da origem da minha família. Mesmo quando discordava de mim, ela sempre dizia: "Não se esqueça de que sou sua mãe, se der errado eu tô aqui, se der certo eu tô aqui".

Obrigada, mãe, pela mãe que você foi e que deixou um rastro de luz para que outras mães maravilhosas viessem cuidar de mim. Algo em mim me diz que as mães que conquistei foram trazidas pelo seu rastro de luz.

Por falar em mãe, a nova Iniciação era com a Mãe dos manguezais, a Mãe da lama, da lama útil, na qual existem bilhares de seres que o mundo não conhece.

Pegamos uma canoa e fomos navegando por dentro dos manguezais. Aportamos no que parecia um banco de areia no meio do braço do mar, onde o rio e as águas salgadas se encontram, mas não era um banco de areia, era um banco de lama que tinha mais ou menos 50 metros de comprimento e uns 20 metros de largura. Quando a maré enchia era impossível enxergá-lo.

Em torno das 4 horas da manhã ele me mandou cavar. Cavei com as mãos, com os pés; ele também me ajudou. E disse: "Agora deita e deixa só a cabeça do lado de fora".

O sol veio surgindo e trazendo umas nuvens, começou a chuviscar, uma chuva fina de gotas grossas que espalmavam no meu rosto. Todo o resto do corpo estava coberto de lama.

— Meu Pai Nidê, os grauçás estão me beliscando — grauçás são pequenos crustáceos cujas garras não têm força para machucar, mas incomodam e fazem cócegas.

Como ele não me deu ouvidos, voltei a repetir, levando uma certa severidade para a fala:

— Meu Pai Nidê, os grauçás estão me beliscando!

— E grauçá é bobo? Tá vendo carne fresca. Se eu fosse grauçá também lhe mordiscava. Você não?

— Meu Pai Nidê, tá coçando e o meu braço preso na lama me impede de coçar.

— Ruim, não é? Braços presos é horroroso, a gente não pode decidir, não pode brigar. Você tá muito engraçada aí, com essa água pingando na sua cara. Tá parecendo com a chuva quando bate na placa do ponto de ônibus.

Eu sentia a lama endurecendo porque o chuvisco já havia passado e aí foi o meu susto: ver a maré subindo.

Ele retirou da sacola um adjá e começou a cantar:

"O Nanã Buruque
O que tendê ai ai
Que tendê
Arue orere
Ia ia
Quitendê
O Nanã buruquê"

E eu respondia ao canto de chamado de Nanã:

— Quitendê
— O Nanã Buruquê

E a maré subindo...

Terminada a Iniciação, que não revelarei aqui por fazer parte do ocultismo do Axé, ele olhava o mar muito calmo. Eu nem tanto.

E o mar subindo...

Tentei me mexer e não consegui.

E o mar subindo...

A chegada do mar nos meus pés me acalmou, porque a água dissolveu a lama. É óbvio! Pensei no quanto o medo faz com que a razão, o conhecimento e o discernimento desapareçam. Meu Pai Nidê fez um ritual nos meus pés e o mar foi soltando minhas pernas, meu tronco, meus braços e eu sentei para tomar banho de mar.

— Vá lá menina, dê uns mergulhos, se bata aí dentro dessa água.

Houve alguns rituais, que também não revelarei por fazer parte do Oró do Axé. Oró também tem o significado de segredo. O motivo pelo qual não se revela um segredo de Axé é para não tirar do Iniciado a beleza da descoberta e, principalmente, para não o sugestionar.

Mergulhei bastante e cheguei em casa umas 8 horas da manhã. A casa estava cheia de gente, de Ogãs e Ékédes do nosso terreiro e de Alabês, que são os responsáveis em bater o couro, o tambor do Axé.

Comemos todos uma comida apropriada para a Iniciação. Eu fiquei recolhida no quarto, tomando os meus banhos de ervas com minha Mãe Neuza e o couro "comendo" na varanda da nossa casa.

Eu só pensava em meu pai, na confusão que ele aprontaria com a minha mãe por causa daquele acontecimento.

— Ah, minha filha, se preocupe não! Ele tá adorando a galinha de xinxim que eu preparei. Primeiro achou estranho comer galinha de dendê às 9 horas da manhã, mas tá lá fora lambendo os dedos.

— Mãe Neuza, a senhora tem certeza que é o meu pai?

— Vá menina, e eu não conheço a fera! Você é que ainda não conhece o dominador de feras que Nidê é.

Eu precisava ver aquilo. Saí às 3 horas da tarde e ainda encontrei o meu pai comendo e atrapalhando o toque dos Alabês tentando tocar pandeiro. Quando me viu ficou meio desconcertado, mas depois passou. Foi embora às 4 horas pedindo desculpas à Pai Nidê e a todos nós, inclusive a mim, mas ele precisava voltar ao banco para fechar a agência em que era gerente. Eu não sabia o que falar, olhava para a minha mãe e ela me confirmava que estava tudo bem. Confidenciou-me que o meu Pai Nidê havia ligado para ele, combinado e acertado tudo.

"Iaô, volte para o quarto que a noite começa a cair, e eu não quero a energia da noite na sua cabeça agora". Ele transformara o quarto da casa de praia do meu pai em um roncó — mesmo passando por tudo o que passei era como se fosse um sonho inacreditável.

Meu Pai Nidê entrou no roncó, que ele mesmo montou:

— Vamos Iaô, deita na esteira, vamos bater paó. Bater paó é um ritual com ritmo ritualístico para despertar a força vital do Orixá no corpo do Iniciado.

Tomei-lhe a benção e fui abençoada por ele.

Mãe Neuza ficou para dormir comigo. Ele foi saindo, fechando a porta e dizendo:

— Há pau que passe pau quando as forças assim o desejam.

Compreendi claramente que ele se referia ao meu pai e a mim também.

Nesse aprendizado conheci as forças dos Orixás e até hoje sei que, quando uma coisa não acontece, é porque não era a hora de acontecer.

Meu pai nunca tocou no assunto deste dia, fez de conta que não tinha acontecido. Para evitar contendas respeitei a vontade dele e ainda tive de escutar de meu Pai Nidê: "Lembra da história do resultado? A reação que você teve com o seu pai é mais uma demonstração que a habilidade de Bessém já resulta em você".

15. Iniciação com Ossanhe

"Iaô, eu já percebi que você tem medo do escuro, que quando o sol vai embora uma parte sua vai com ele. Você já percebeu?"

— Pai Nidê, eu sou assim desde criança! Não sei direito o que fazer com a noite, com a escuridão. Fico imaginando por que é que o planeta Terra, todos os dias, precisa se esconder no escuro; o que está acontecendo quando a Terra se esconde.

— Que conversa é esta menina? Explique-se melhor.

— É, pai, na luz do sol tudo é visto, tudo pode ser enxergado. Eu entendo que, nestas horas, o planeta diz pra gente: "Olhe como eu sou". Sinto um prazer imenso em olhar, adoro viajar de dia, porque sei que me é permitido olhar. Mas, quando chega a noite, sinto que o planeta, todo ele, está fazendo alguma coisa que não quer que seja vista, que não quer plateia. É por isso que gosto de trabalhar em bar cantando à noite: como não tenho o que ver, descanso me mostrando para as outras pessoas, mostrando meus pensamentos e as minhas crenças através do repertório que escolho para cantar.

— Você tem medo da noite?

— Quando estou cantando não, mas quando estou sozinha fico pensando que tarefa importante é essa que é preciso ser feita no escuro, e isto me dá um pouco de medo.

— Medo de quê, menina?

— De sem querer, pai, sem ter a intenção, ver esta tarefa que o planeta se esconde na escuridão para fazer. Não dar conta e pirar.

— Menina, você é muito profunda. Eu nunca havia pensado nisto. Mas sabe, pensando bem, você tem razão.

Pai Nidê silenciou-se por um tempo. Ora me olhava, ora olhava para as árvores do terreiro. Como era noite, tinha-se muito pouco o que ver. Tentei sair do lugar. Deixá-lo sozinho com as suas reflexões.

— Não, fique aqui. Você vai falando e eu vou imaginando, viajando pela sua fala. Será que este medo de ver não indica que você tem algo a ver com o trabalho da noite?

— Epa, Pai! Quem nunca pensou nisso fui eu!

— Temer o escuro, no fundo, é ter medo de perder a direção, que é um comportamento bem presente em você. Você sempre pede um chão seguro e confiável para caminhar, para viver. Você sempre se questiona, ou me questiona, se está fazendo as coisas certas, se os seus trabalhos caminham como o esperado. É. Tá na hora de você fazer um aprendizado com Ossanhe!

Há muito tempo eu não questionava mais quando meu Pai Nidê conduzia-me às Iniciações. Mas, esta conversa que estávamos tendo sobre a noite, sobre a escuridão... ele me dizer que estava na hora de uma nova Iniciação... não sei de onde me veio um medo enorme e ele percebeu.

— O que é que foi, menina? Não confia mais em mim?

Não sabia o que responder. Fiquei sem responder.

— Você não ouviu o que eu lhe disse?

— Ouvi! É exatamente por isso que estou sentindo muito medo e eu não gosto de sentir medo.

— Por quê?

— Porque o medo me enfraquece, me tira a força. Todas as vezes que sinto medo, eu me atiro "de cara" no que me mete medo, para que ele vá embora.

— E você tem tido sucesso com este modo de agir?

— Até este instante que estamos conversando acreditava que sim, mas... a sua proposta de Iniciação com Ossanhe me fez ver que ainda mora muito medo em mim. Eu já te contei a história do pulo da pedra?

— Que pedra? Que pulo?

— Sabe ali no alto do Rio Vermelho? Antes do muro? Ali onde fica o pessoal das Forças Armadas, não sei se é Marinha ou Exército.

— Sei, eu ia muito lá olhar o mar; ver, de cima, a imensidão do mar.

— Quando éramos crianças, a minha mãe e as outras mães da rua Luiz Anselmo levavam todos nós para fazer piqueniques lá. Nossa principal brincadeira era correr para o alto da pedra e apostar quem iria pular. Íamos sempre e, um dia, numa dessas brincadeiras, eu cheguei perto do alto da pedra e senti muito medo. O meu corpo tremeu de medo e, por não suportar o medo que estava sentindo, corri para trás, peguei impulso e pulei.

— Menina, que coisa! É um milagre você estar viva!

— Quando eu voltei, a minha mãe estava chorando. Tudo era uma choradeira só! Quando me viram, apanhei de todo mundo: pai, da minha mãe, das outras mães...

— Mas é claro! Até eu, que não estava lá, estou com vontade de te bater! Mas estou entendendo, você não tem medo das coisas, não tem medo da vida, isto também já observei. Você tem medo de ter medo.

— É mais ou menos isso aí, pai.

— Vamos dormir.

Recolhi-me para o meu quarto com a cabeça a mil e cantei as músicas de Ossanhe. As músicas dos Orixás contam enredos e momentos do viver dos Orixás e, sob este aspecto, não são muito diferentes das outras músicas. Um compositor compõe a sua música de acordo com o que está sentindo e vivenciando. Com os cânticos dos Orixás é a mesma coisa. Cantei alguns cânticos de Ossanhe, tentando adivinhar qual dos momentos, qual dos enredos deste Orixá seria por mim percorrido para concluir a minha Iniciação.

Ossanhe é o Mago da Floresta, é quem prepara os remédios. Ossanhe são as folhas que nos alimentam, são as ervas que nos limpam das energias negativas. É o Orixá que tem o unguento certo para acalmar Omolu quando este traz a doença.

Dormi pensando nos cânticos de Ossanhe. A cada canto, que descrevia um enredo, uma ação, eu pensava "Será que é esta? Será que é aquela?". Voltei a sonhar com o Meu Amigo da Almofada — passei a chamá-lo assim porque todo sonho com ele iniciava-se comigo sentada em uma almofada. O sonho já começou com ele falando: "Aqui onde você está não tem noite".

Imediatamente veio à minha mente a conversa que tivera com Pai Nidê sobre a noite. E disse-lhe:

— Então aqui é um lugar privilegiado.

— O que a levou a esta conclusão?

— Ora, a resposta é óbvia! Se não tem noite, não tem perigo; a luz e a claridade do dia fazem com que a gente saiba por onde está andando e, se vir um perigo, se afasta, se protege...

— Então você acha que não existe perigo na claridade?

— Não é que não tem perigo, claro! Mas a gente pode se proteger.

— Por quê?

— Porque a gente está enxergando os perigos, óbvio!

— Como você gosta de falar "óbvio". Será que já sabe tanto sobre tudo para adotar esta palavra a todo momento? Vamos andar.

Levou-me por paisagens lindas, de cores difíceis de descrever, de um rosa indubitável, de um verde que, de tão verde, não o confundimos com as nuances do azul.

Fomos caminhando em silêncio.

Num dado momento olhei para o meu corpo e vi alguns arranhões, como se um gato tivesse arranhado o meu braço, a minha barriga, as minhas pernas...

— Ih, cara, olha o que aconteceu comigo!

— Estou vendo.

— De onde veio isto?

— Quer mesmo saber?

— Claro que quero!

— Pensei que você não precisasse. O dia está claro. Você detecta algum perigo aqui?

— Não!

— Este é um espaço reservado a uma qualidade de éter medicamentoso, que é conduzido para a Terra, para os hospitais, para os mendigos nas ruas e para lares onde tem alguém doente. Sabe como estas energias chegam à Terra? Magnetizadas pelas pessoas em seus momentos de oração.

— Então estou na farmácia de vocês?

— Pode chamar assim, se quiser.

— E o que isto tem a ver com estes arranhões?

— Tudo! Significa que alguém que está muito doente pensou em você agora e como você está aqui, preenchida deste éter, quem pensa e precisa de você agora está retirando o éter deste local através do seu corpo e do seu cordão etérico. Vamos sair daqui.

À medida que fomos nos afastando, os arranhões foram desaparecendo. Estes arranhões ardiam e coçavam ao mesmo tempo.

Voltamos a sentar nas almofadas.

— Não se iluda. A luz também tem os seus perigos. O maior perigo da luz é andarmos alheios, por obviamente errado concluirmos que, em razão de não vermos perigo na luz, ele não existe.

— Como é que eu ia adivinhar que tem alguém na minha família doente e pensando em mim agora?

— Não sei. Não é você que encontra o óbvio de tudo?

— Realmente a minha tia-avó sofre de erisipela e ela me pediu para levá-la à Casa de meu Pai Nidê. Existe uma reza e um unguento de Ossanhe que ajuda a curar a erisipela.

De repente me calei e vi meu pensamento associando o Ossanhe daquele espaço ao Ossanhe fora do mundo dos sonhos. Nesta época ainda não tinha clareza de que estes sonhos eram visitas ao Mundo Espiritual.

Ele deixou-me pensar por um tempo e retomou o diálogo.

— O perigo está na luz e está na escuridão. O indivíduo é que precisa estar pronto para lidar quando o perigo se manifesta ou na claridade ou na sombra.

— Entendi o que você quer me dizer. Às vezes a gente passa pelas ruas, as pessoas "vampirizam" as nossas energias e a gente só descobre depois, quando se vê cansado e desenergizado. Meu Pai Nidê já me informou sobre isto.

— Mas é óbvio, para mim, que você ainda não havia aprofundado nesta lição.

Para brincar com ele, respondi:

— É óbvio!

Fui acordada por Pai Nidê, para ir à feira de Águas de Menino. Hoje o nome desta feira é Mercado de São Joaquim. "Vai comprar esta lista, é o que precisaremos para sua iniciação com Ossanhe".

Fui à feira, trouxe a lista e pensava o tempo todo no sonho, no diálogo com o homem das almofadas. Quando cheguei em casa procurei Pai Nidê para contar o sonho. Ele ouviu e manteve-se calado. Insisti.

— Oh, pai, você não vê uma coincidência entre este sonho e a minha Iniciação?

— Coincidência não existe, minha filha. Vejo aí uma sincronicidade. É como se, em todas as Iniciações que você faz com os Orixás, sincronicamente você vive um processo com os sonhos. Agora vá dormir, vá se recolher.

Peguei o meu caderno, no qual anotava os meus sonhos e reconheci, ali, a tal da sincronicidade; eu ainda não havia despertado para isso.

Lembrei-me do Homem das Almofadas questionando-me se eu ainda não era muito jovem para adotar a palavra *óbvio* na minha vida.

Fiquei me sentindo meio tola. Vi que nada era óbvio para mim, que o óbvio, em mim, era uma forma de não aprofundar, de não confrontar, de simplesmente rotular como óbvias experiências que exigiriam mais de mim. Será que era o medo? O medo de sentir medo, que me fazia ser tão imatura, tão tola com os rótulos dos óbvios? Fui dormir zangada comigo. Meu último pensamento foi: "Porque meu Pai Nidê está me mandando dormir às 5 horas da tarde?". Era óbvio que eu não sabia a resposta. "Será que vou conseguir dormir? Acho que não".

Fui acordada por Pai Nidê à 1 hora da manhã. Mandou-me calçar um tênis, vestir uma calça e um casado porque iríamos passear.

— A esta hora, Pai? Vamos a um barzinho? É só isto o que está aberto a esta hora.

— É verdade. Então vamos abrir coisas que a esta hora estão fechadas para você.

Fiquei meio sem saber o que dizer. Entramos no carro, eu, ele e Ogã Fernando e fomos para a orla marítima de Salvador, passamos por Itapuã e Stella Maris. Num dado momento, Ogã Fernando parou o carro e meu Pai Nidê me disse: "Vamos! Vamos abrir o que está fechado".

Do lado direito da estrada, para quem dará continuidade à

orla, está o mar; do lado esquerdo, uma mata que no início tem algumas casas de veraneio, pequenas chácaras, até o momento em que só tem mato. E meu Pai Nidê ia dizendo no caminho "Olhe para a frente! Olhe para a frente!".

Ele pegou uma lanterna, ia iluminando o nosso caminho e "Olhe para a frente!". Ele repetiu isto tantas vezes que, para brincar com ele, fiz uma canção:

Olhe para a frente!
Olhe para a frente!
Olhe para a frente!

— Quem bom que você está brincando e está alegre!

Como era uma Iniciação com Ossanhe, e sei que Ossanhe são as matas, são as árvores, imaginei que Pai Nidê procurava alguma árvore especial para dar começo à minha Iniciação. De repente, ele me entregou a lanterna e disse: "Caminhe na frente agora. Agora é você quem vai dizer 'Olhe para a frente!'".

A princípio pensei que fosse uma resposta à brincadeira da cantiga que fiz:

— O senhor ficou aborrecido porque eu brinquei?

— Vamos, menina! O que é que você tem que repetir?

Eu ia andando com a lanterna, prestando atenção ao caminho, à trilha e sabia que não estava com medo porque Pai Nidê estava comigo. E ia repetindo: "Olhe para a frente! Olhe para a frente!". De repente, percebi que não ouvia os seus passos atrás de mim. Olhei para traz e um medo imenso me tomou, comecei a gritar por ele pedindo que parasse com aquela brincadeira porque eu estava com medo. Comecei a imaginar que ali deveria ter cobras venenosas e o medo me paralisou. Nenhuma resposta: só o silêncio, os ruídos e os gemidos da mata. O meu grito se tornou lancinante por pedido de socorro. Estagnei! Paralisei! Coloquei a lanterna e os meus olhos procurando perigos. De repente — não sei como e nem porquê — lembrei-me do "Olhe para a frente!" e lembrei-me de ter virado para trás para procurá-lo. Compreendi a mensagem e fui dizendo para mim mesma "Olhe para a frente! Olhe para a frente!". Fui identificando árvores que já tinha visto, trechos da mata que já havia passado e o medo foi diminuindo até que cheguei à beira da estrada.

Não vi o carro de Ogã Fernando. Era verão e o amanhecer chega muito cedo à Bahia. Inicia-se com aquele lusco-fusco. Olhei para a esquerda, olhei para a direita e não vi o carro de Ogã Fernando.

Estava sem relógio, mas calculei que devia ser algo em torno das 4 horas da manhã, o lusco-fusco me soprava este horário.

Pensei em andar até um ponto de ônibus. Pensei em ficar ali mesmo e esperar que eles me encontrassem. Voltei a pensar no "Olhe para a frente!". Atravessei a rua e vi que havia uma pequena entrada à direita e uma barraca de praia. Desci sempre andando em frente, cheguei na barraca e encontrei meu Pai Nidê, Ogã Fernando e o dono da barraca sentados à mesa tomando cerveja.

Meu Pai Nidê se despediu do amigo. Voltamos para o carro e fomos para casa. O dia já estava claro e lá estava Mãe Neuza com as ervas e artefatos para continuar a minha Iniciação com Ossanhe.

Depois que tomei os banhos e deitei na esteira, ele veio me ver e me disse: "O único jeito de não ter medo de ter medo é olhando para a frente".

Fico contando estas histórias, que para mim trouxeram muitos ensinamentos, e, ao mesmo tempo que as conto, vejo que elas perdem a força de tudo o que vivi e aprendi nas minhas Iniciações. Parece um conto — e é um conto — mas um conto de uma experiência real. Quando caminhei sozinha pela mata e fui identificando, certificando-me do caminho, ia pensando, lembrando-me de algumas coisas que já havia aprendido, do tipo: "Cobra quando escuta o nosso pisar foge da gente, o perigo é pisar nela"; "Olhe para a frente!"; "Que mal aquela mata poderia me fazer"; "Olhe para a frente!".

Na manhã seguinte ele veio me visitar. Contei sobre os meus pensamentos, sobre os meus sentimentos e sobre o que eu havia entendido sobre "olhar para a frente".

Fiquei 21 dias recolhida no roncó, alimentando-me com comidas próprias para a Iniciação que eu fazia, tomando banho com as ervas adequadas e aprendendo a dançar para Ossanhe.

Toda dança deste Orixá nos chama para estarmos atentos, olhando para a frente; chama-nos para o centramento de saber onde estão os nossos pés, de saber os movimentos dos braços. É assim a dança dos Orixás: nos ensinam a centrar e, para cada situação, um tipo de centramento. Cada Orixá, com a sua dança e a sua cantiga, informa-nos e nos ensina todos os tipos de centramentos que precisamos ter para caminharmos alinhados com a vida e com o tempo.

Terminou a Iniciação, e toda Iniciação na Cultura Africana termina com uma festa na qual pessoas do Axé e convidados, simpatizantes desta Cultura, mas que não se aprofundam nela, assistem a Dança da Iaô, a Saída da Iaô, confirmando a sua Iniciação.

"Pra saldar Iaô
Saveiro vem! Saveiro vem!
Pra saldar Iaô
Saveiro vem! Saveiro vem!"

Esta é uma cantiga ritualística e o zelador, a Yalôrixá, o Babalorixá ou o Babalaô retira a sua Iaô do roncó e a apresenta, devidamente vestida, tomada pelo Orixá, ou acordada, isto é, consciente, para dançar. Quando a Iaô, manifestada pelo seu Orixá, ou não, sabe fazer com perfeição a dança do enredo da Iniciação é uma das confirmações de que a Iniciação segue como esperado. Depois vem o resguardo, que para cada Iniciação é diferente. Resguardo de comida, de bebida, de cigarro, da energia sexual — como já disse, para cada Iniciação o tipo de resguardo e o tempo do resguardo são diferentes.

Para esta Iniciação fiquei um mês de resguardo: não saía da roça e era selecionado o que eu poderia comer e as atividades que poderia fazer.

Até que chegou o dia em que pude ir à rua.

Depois de uma Iniciação, sempre dá uma imensa vontade de ir à rua. Primeiro por ter passado muito tempo recolhida, segundo porque a gente se sente muito diferente — pelo menos foi assim que aconteceu comigo. Eu sentia as diferenças na estruturação do meu pensamento, na minha imatura "obviedade". Sentia-me sempre mais amadurecida a cada Iniciação, e isto me estimulava ir ao mundo e ver como estava o mundo com olhos e olhar mais burilado.

Aconteceu uma coisa estranha. Fui à praia, não para tomar banho de mar, ainda não podia, ainda estava de resguardo da água do mar, mas para apreciá-lo. De repente, no meu corpo começaram a surgir arranhões, vindos do nada. Eu estava sentada em uma cadeira. Como poderia a areia arranhar os meus braços, a minha barriga? Eu estava vestida de camiseta. Arranhar as minhas pernas? Eu estava vestida de calça jeans. Por um tempo a minha lógica ficou procurando as razões e os motivos, até que eu me acalmei e me lembrei da experiência vivida no sonho. Peguei um táxi e voltei imediatamente para casa, para o terreiro, e mostrei ao meu Pai Nidê os arranhões. Ele me olhou meio perplexo.

— Menina, por onde você se embrenhou? Você foi para o mato? De onde vieram estes arranhões?

— É exatamente o que eu quero saber! Fui apreciar a praia.

— E você esfregou areia no corpo?

Quase... Quase deixei escapar um "Óbvio que não!", mas já tinha aprendido a trabalhar melhor o momento adequado de falar sobre óbvios. E nada era óbvio ali!

Ele me recomendou tomar um banho de ervas. Tomei o banho. "Agora vamos aonde você foi, exatamente o lugar."

Seguimos na Kombi com Ogã Fernando. Nem foi preciso chegar à praia e os arranhões começaram a se manifestar, nos meus braços, na minha barriga e nas minhas costas. Mostrei a ele e mais perplexo ele ficou. Ordenou à Ogã Fernando que retornássemos para a roça. Entramos no quarto reservado para jogar búzios, eu e ele. E ali Ifá informou que eram almas perdidas em busca de remédios ou até mesmo pessoas que passavam por mim, cujas energias magnetizavam a minha, deixando no lugar os arranhões. E que assim seria sempre — eu que aprendesse, no meu dia a dia, a lidar com esta experiência.

Passei muitos anos recebendo estes arranhões, que pareciam "vir do nada", mas é obvio que vinham de algum lugar.

Estou com 46 anos e com o tempo fui aprendendo a zelar pelas minhas energias, a utilizar alguns unguentos de Ossanhe antes de ir à rua, principalmente em lugares tumultuados ou onde há pessoas doentes — cemitérios nem pensar! — com o tempo descobri que em razão da minha sensibilidade, por ser tão sensível, troco facilmente energias com outras pessoas. Também detectei um grande bem-estar quando troco energias com pessoas que estão de bem com a vida.

Hoje em dia, esses arranhões são raros e se manifestam em menor escala. No entanto, a troca de energia sadia, com situações alegres, com pessoas harmônicas tende a se ampliar a cada dia.

Esta foi mais uma Iniciação que felizmente passei com a Cultura Afro-brasileira, que cultiva os conhecimentos Ancestrais das Energias da Natureza.

16. A busca pela essência da vida

O objetivo e a meta do meu Pai Nidê eram me fazer passar por experiências que me levassem a compreender, com o meu corpo, com o meu sentimento, com a minha mente e com o meu raciocínio o que é a Eletricidade das Energias da Natureza, as quais são chamadas de Inkinces ou Orixás.

Estes trabalhos aconteceram bem depois do meu Buri. O primeiro ano de um Iniciado, assim que faz o Buri, é um ano de muitos resguardos.

Eu já havia feito Buri na casa de Mãe Helena, mas, em razão do tempo que levei afastada da Cultura Africana e da comida, pela minha trajetória de vida, meu Pai Nidê resolveu renovar o meu Buri. Para mim foi muito importante porque quando fiz o Buri com Mãe Helena eu era muito criança, tinha 12 anos, e aos 19 anos tive mais elementos para compreender pelo que passava.

Depois do primeiro ano de resguardo, meu Pai Nidê voltou a me recolher no roncó para dar continuação às Iniciações dos Orixás que trago no meu Eledá. Eledá é um espaço quântico, é um espaço energético para onde convergem a eletricidade humana e a Eletricidade dos Orixás, que circulam neste espaço quântico (Eledá) e ficam à nossa disposição. Esta eletricidade se transforma em energia e, a depender da atividade que escolhemos fazer, uma destas eletricidades, ou até mais de uma, se transmuta em energia para fortalecer o nosso corpo, a nossa alma e a nossa intenção de acordo com a atividade escolhida.

Quando escolhemos uma atividade desarmônica, mas que a

nossa mente ou a nossa falta de lucidez nos indica como uma boa atividade, a eletricidade humana se desprende deste ponto de convergência e se transforma em energia, obedecendo ao nosso livre-arbítrio. Porém, a eletricidade dos Orixás, que respeita o seu próprio livre-arbítrio e a inteligência intrínseca à sua luminosidade, quando não concorda com a nossa decisão humana, não nos impede, respeita o nosso livre-arbítrio, mas não nos acompanha, não transforma a sua eletricidade em energia, mantendo-se parada. Não nos fortalece, procurando, assim, diminuir o tempo do erro.

Na Casa de meu Pai Nidê trabalhava-se assim, igual à Casa de Pai Damásio e também igual à Casa de Mãe Helena.

Meu Pai Nidê sempre me dizia:

— Nunca acredite que, na escolha de um caminho distorcido, esta eletricidade lhe acompanhará.

— Então, meu Pai Nidê, se eu não sentir a força do meu Orixá, porque eu já sei sentir, eu fico mais forte, mais determinada, sei lá, dá um *plus* na minha energia, na minha disposição. Então, se eu não sentir esta energia, não é melhor que eu desista do meu projeto?

— Tudo na teoria é fácil, minha filha. Você vai ver como vive isto na prática. Não procure teorizar nada que você não tenha experimentado. Uma teoria só tem validade e ensinamento real quando nasce fruto de uma experiência. O seu viver é quem vai mostrar como você lidará com a sua eletricidade humana somada à Eletricidade dos Orixás do seu Eledá.

Era muito claro, para mim, que ele não me queria uma teórica. Eu também não! Sou vítima de teorias que nunca foram experimentadas. Todo paranormal, médium ou sensitivo também o é. Assim como tantas outras teorias, como a que acreditava, por exemplo, que os negros não tinham alma. Esta era uma teoria tão forte que até a Igreja Católica tinha escravos por acreditar que negros não tinham alma, virtude ou inteligência como os brancos. Quem já foi vítima de uma teoria dogmatizada, imposta, sem nenhuma comprovação prática, alcançará com mais profundidade estas minhas linhas. E, por solidariedade ou por busca de evolução espiritual, eu não queria me transformar em uma teórica para não vir a errar com ninguém.

Além das Iniciações, vamos dizer assim normais, eu passei por Iniciações tipo as que citei para buscar intimidade com as Energias do Santuário da Natureza.

Lembrei-me de uma que me trouxe muitos aprendizados. Vou dividi-la com vocês.

Em Cacha Pregos, uma parte da ilha de Itaparica, tem uma cachoeira de água doce que desemboca no mar. Pelo menos era assim há mais de 20 anos. Depois eu soube que começaram a canalizar esta água para outro lugar. Fato é que na última visita que fiz a esta cachoeira, que desemboca no mar, a quantidade de água tinha diminuído muito.

É uma cachoeira e ao mesmo tempo é uma caverna aberta de pedras onde o mar é misturado com o mangue. Neste espaço fluem as Energias da Natureza dos Orixás Oxun, Xangô, Iemanjá, Nanã e Obá. É um espaço que, pelo que possui, concentra a Energia destes Orixás.

Eu sempre tive uma pergunta que me perseguia: "Qual é a essência da vida?".

Para mim, trabalhar, ganhar dinheiro, instruir-se, aculturar-se não eram a essência da vida, eram manifestações desta essência. Mas eu queria saber mais sobre a essência.

— A única forma, minha filha, é você conhecendo um número maior de manifestações. Vou pensar e consultar o Oráculo de Ifá, porque vejo que esta pergunta é importante para você; é ela que lhe move, que lhe inspira. Eu vejo que esta é uma pergunta, que enquanto você não saciar com respostas, lhe paralisará.

— É assim mesmo Pai! Estou com 23 anos e comecei a me fazer esta pergunta aos 9 anos. As pessoas ou não davam atenção à minha pergunta ou me respondiam: "Como? Essência da vida? Ora, é ter uma profissão, casar, formar uma família...".

— Eu concordo com você, minha filha, que isto não é a essência da vida, são algumas de suas manifestações. A essência da vida é uma força que, a depender da busca, você chegará mais perto dela.

— É isto que procuro entender, Pai! As manifestações materiais e tradicionais da essência da vida não me abastecem, e sei que tem algo mais, ou outras manifestações que desconheço. Eu não quero fazer da minha vida um rótulo, quase todos os meus amigos já estão casados ou noivos, nos finais de semana vão à praia, de segunda à sexta vão para o trabalho... Eles estão bem — também não sei se estão — mas eu vejo que pra mim é diferente. É como se todos seguissem um calendário: já está na hora disto, está na hora daquilo, ainda não é a hora disso. Eu pergunto por quê, e a resposta é "porque sim" ou "porque não". Alguns me dizem: "Mas é obvio! A vida é isso!". Mas pra mim não é! Vejo claramente que estas são algumas das manifestações da essência da vida, mas eu sinto que existem outras, e é prioridade encontrar-me com elas.

— Vamos ver, vamos ver. O que é que eu faço com você, menina? Mas eu quero lhe ajudar.

Passados alguns dias, depois de ter consultado o Oráculo de Ifá, meu Pai Nidê me chamou para uma conversa séria. Ele sempre era sério, mas ainda conseguia ser mais sério quando a questão era pertinente.

— Ifá indicou um enredo energético muito forte pra lhe auxiliar a encontrar respostas. Você quer fazer? Antes de responder, saiba que você poderá colocar a sua vida em risco. Tudo nesta Iniciação envolve muito risco. Tanto pela soma da Eletricidade quanto pelo lugar que você precisará ir para se infiltrar nesta Iniciação.

Nem por um segundo eu duvidei. Já estava com 23 anos e a única coisa que queria era encontrar, cada vez mais, a essência da vida. Meus relacionamentos eram superficiais, não era importante, para mim, namorar; não encontrava uma profissão. Nesta época criei até um título para as profissões: "fodedor de pobre". Por quê? Porque eu tinha sido pobre e ter sido muito pobre me fez ver e vivenciar como é que um pobre é tratado em um hospital; em uma delegacia; o que lhe é exigido para crédito; como é fácil botar um pobre na cadeia quando ele erra. Eu não queria estas profissões para mim. Quando estava com a minha família, que era classe média alta e tinha muitos amigos ricos, discutindo isto com o meu pai, ele me dizia: "Tem dois tipos de gente no mundo: as que mandam e as que são mandadas. Por isso você tem que escolher mandar". Aprofundando na palavra "mandar" concluí que era "foder pobre", procurar pagar o menor salário possível e sugar o máximo possível as suas forças. Eu não queria isto pra mim! Não queria! Não queria e pronto! Era assim que eu pensava e penso até hoje. Mas o peso dos 23 anos me chamava para deixar de ser uma andarilha, vivendo de casa em casa, morando em rodoviárias quando não tinha casa para morar, insatisfeita com os empregos. Aos 23 anos eu sentia a necessidade de ser algo, mas algo que trabalhasse verdadeiramente para a essência da vida. Eu sabia que quando encontrasse descobriria uma profissão, uma filosofia.

Nesta época eu cantava em bares para me sustentar e até lá existia a manipulação: "Canta música triste pro povo pedir uísque! Se você cantar música alegre os clientes vão para o salão dançar e só se vende cerveja e pouca cerveja porque eles vão dançar". Eu deixava de trabalhar para bares que tinham esta exigência. Não conseguia! Sentava no meu banco, olhava para o microfone, olhava para o meu parceiro, Aluizio, e a voz não saía; olhava para as pessoas olhando pra mim, esperando que eu as mobilizasse — eu não queria mobilizá-las para tomar uísque, encantoá-las nas suas tristezas diárias. Era horrível! As pessoas chegavam no bar alegres, em busca de horas que as aliviassem do peso da semana. E um repertório pronto, pensado para levá-las para o uísque, para lembrar as suas dores. Não trabalhava para bares assim. Por quê? Porque a essência da vida para mim era importante. Algo muito forte me dizia que, quanto mais perto da essência da vida eu chegasse, mais eu descobriria um lugar para mim.

— Sabe, menina, você é uma filósofa. Você quer ter uma filosofia de vida. Ifá me disse que você busca uma causa, um ideal. Melhor, não foi bem assim! Ifá me disse, através do Jogo de Búzios, que tem uma causa, uma ideologia que procura você e você a sente, mas ainda não a conhece e executa-se nela paralisando, desistindo dos empregos. A execução de sua filosofia de vida lhe leva para o distanciamento e esta Iniciação, que Ifá propõe, mostrará muitas coisas para você.

— O que, Pai Nidê?

— Não sei, Ifá não me disse. Eu nunca saberei, mesmo que você me conte, porque é você quem vai passar pela Iniciação. Você não quer pensar melhor? Às vezes me sinto inseguro por saber dos riscos, mas não posso lhe falar sobre os riscos. Você vai assumir, aqui comigo, um compromisso: você está escolhendo e não perguntará a minha sugestão; isto será entre você, sua história de vida e seus Orixás.

Por nenhum momento tive medo, porque o meu maior medo

era prolongar a minha existência daquele jeito que eu vivia, só não era mais inútil porque ajudava o meu Pai Nidê nos trabalhos da casa dele; porque cantava levando alegria; porque vendia salada de frutas frescas e bem escolhidas, no Porto e no Farol da Barra, uma praia de Salvador, para as crianças que iam à praia com as suas mães. Eu sentia uma tranquilidade quando vendia um copo de salada porque sabia que tinha sido bem feita, que não causaria nenhum transtorno à saúde. Assim era eu, assim eu sempre fui e assim ainda sou.

Fomos para Cacha Pregos. O meu coração estava calmo, em nenhum momento tentei adivinhar ou assimilar qual seria a minha Iniciação. Estava contente. É importante a alegria. Na minha opinião, é a única ferramenta que questiona o medo. A alegria leva o medo a ter dúvidas sobre ele mesmo e este é o bom da alegria, mas, também, é o seu grande risco porque a alegria não é o suficiente para combater e dissolver o medo, a sua função é apenas questioná-lo. Pagar o preço de sair do medo é ter bagagem interna para comprar a dúvida, a dúvida real que nos leva até o fim de uma experiência para vencê-la. Entre esta luta, do início ao fim da dúvida, é preciso muita força e querer interno, para pagar os preços de cada avanço sobre a dúvida, diminuindo-a. E era exatamente isto o que eu pensava dentro do *ferry boat*: "Minha alegria questiona o meu medo, enquanto o meu medo se perde nos seus questionamentos, estou comprando uma dúvida e a minha dúvida agora é quanto tenho para pagar pelo tamanho dela".

Chegamos em Cacha Pregos. Escolhemos um período no qual não haveria ninguém em casa.

— Já basta eu e a minha ansiedade, vamos deixar a sua mãe fora disto. Você pode desistir no momento em que quiser, mas chegará um momento no qual não haverá momento e nem condição de desistência. Este momento se anunciará, você saberá sobre esta etapa; a última etapa se pronunciará com mais força que todas as outras. Se quiser desistir tenha coragem para tanto, se não quiser desistir tenha coragem para tanto.

Era impressionante como eu sabia me comunicar com o meu Pai Nidê. A dificuldade que eu tinha de conversar com as outras pessoas, com ele era o oposto; eu entendia claramente o que ele dizia. E olha que conheci um monte de gente que dizia não entender nada que o meu Pai Nidê falava; é destas pessoas que estou falando, eu também não as entendia e nem elas a mim.

Alugamos o barco de Maninho, que nos levou à cachoeira. O pessoal a chamava de Fonte do Boi, nunca soube por quê.

A Fonte do Boi não tinha vizinhança e nesta época só se chegava lá de barco. De Cacha Pregos à Fonte do Boi, em um saveiro com motor, levava-se mais ou menos uma hora.

Lá estava a rica cachoeira, com sua caverna aberta. Vendo-a da proa do barco tem-se a impressão de estar vendo uma cachoeira que corre ao lado da sala de uma casa.

Meu Pai Nidê desceu com o atabaque e pediu que Maninho esperasse. Enquanto ele tocava, eu dançava para os Orixás; dancei para Exú, para pedir licença para entrar, não só no espaço físico da Fonte do Boi, mas no espaço energético. Não sei se é difícil para você, leitor, alcançar o que quero dizer. Todo lugar tem o seu espaço físico e as suas energias intrínsecas, similares a este espaço; uma casa, uma garagem, um shopping center, energias similares às intenções dos tijolos ou dos donos dos tijolos. Mas ninguém era dono da Fonte do Boi, a não ser, é claro, os seus verdadeiros donos.

Para adentrar neste espaço energético dancei, cantei e comi para o primeiro Dono, Exú. Na sequência, dancei e comi para a sua outra Dona, Oxun, as águas doces. Ali Exú era o movimento das águas doces misturado ao movimento das águas salgadas e miscigenadas às águas lamacentas dos manguezais, uma qualidade energética de uma eletricidade extremamente forte, mesmo para os turistas que iam lá por ser um lugar raro, uma cachoeira de água doce que desemboca no mar e no mangue ao mesmo tempo.

O chão de pedras tem milhares de seres: grauçás, caranguejinhos, ostras, chumbinho (vongole) e outros tantos. Como é rico o encontro destas quatro águas rainhas! Iemanjá tempera com o sal, Oxun tempera com o doce, Nanã tempera com o amargo e Obá faz com que cada uma escolha a medida certa para que, no sabor total, todos os sabores estejam também miscigenados, sem se destacar.

Cantei e dancei para Nanã, outra Dona da Casa.

Dancei e cantei para Iemanjá, uma outra Dona da Casa.

Cantei e dancei para Obá, uma outra Dona da Casa.

Dancei e cantei para Xangô, uma outra Dona da Casa.

Meu corpo era um arrepio só! Eu sentia uma Eletricidade enorme! Quem me visse poderia até achar que eu estava tendo uma crise de ansiedade, mas o meu peito estava tranquilo, alegre, o meu corpo estava irrigado; tinha a sensação que se eu pegasse um pedaço de pedra a partiria na minha mão. Disse isto ao meu Pai Nidê e ele me respondeu "Escolha uma pedra".

Eu escolhi e apertei. Acredite quem quiser ou puder: a pedra partiu na minha mão. Não me assustei, só confirmei a minha sensação.

Depois me veio a sensação de nadar. Fui nadar e nadei muito. Vi meu Pai Nidê me dando adeus da proa. Ele pediu que eu encostasse no barco, que já estava distante da Fonte do Boi, dentro da água, em uma noite sem lua, enxergava-o no barco por causa do lampião do saveiro.

— Esta é a sua última etapa da desistência. O que lhe diz a sua coragem? Você vai subir no barco e ir embora comigo ou você vai ficar aí, tomada por esta Eletricidade sem a minha presença para interromper o contato? A sua coragem é de desistir ou a sua coragem é de continuar?

— Fico por aqui, Pai. Eu tô bem aqui.

Ele se foi sem me dizer nada.

Nadei e mergulhei. Já sabia noite alta, total escuridão. Quando me cansei, procurei um lugar para sentar na pedra. Impressionante, não sentia frio, não sentia calor; milhares de caranguejos e grauçás disputavam espaço no meu chão e, mesmo com o maiô e o corpo molhados, bebi água da cachoeira e dormi.

No outro dia de manhã, acordei, arranquei umas ostras e comi. Eu gosto de ostra crua, mas com limão e sal, então molhei-as nas águas salgadas, e como não tinha limão, foi sem limão.

De longe avistei o barco, o barco de Maninho. O meu Pai Nidê chegou ainda aflito.

— Tudo bem?

— Tudo bem.

— Menina, você não pensou nos perigos de um bicho vir até aqui. Uma cobra no meio da noite? Você, que tem tanto medo de cobra! Esta mata toda acima da cachoeira...?

— Não, Pai! Nem pensei nisso.

— Você não pensou em extrapolar na Eletricidade e achar que podia nadar mais do que poderia e se afogar?

— Não, Pai, não pensei.

— Você não pensou que poderia pegar uma pneumonia?

— Não, Pai, não pensei.

— E no que você pensou?

Desceu do barco e me trouxe um sanduíche de pão com queijo e uma garrafa de café com leite.

O dia estava lindo!

Maninho veio até mim:

— Menina, tu tem coragem! Só não quero que você conte pro seu pai que eu participei disso. Até agora eu nem sei o que me fez participar, mas se o seu pai descobre...

Voltou para o barco.

Maninho não precisava do meu pai para nada. Meu pai não dava nada a ele, quando muito contratava o seu barco para passear, para ir até para a Fonte do Boi. Mesmo assim, Maninho tinha medo de meu pai, aquele medo que pobre sente de aborrecer um rico. O que poderia de fato meu pai fazer com Maninho? Nada! Eu era maior de idade, mas é assim mesmo, pobres têm este medo, mesmo não dependendo diretamente do rico. É uma sombra que os persegue, e eu comecei a chorar.

O meu Pai Nidê me perguntou por que eu estava chorando.

— Porque eu não quero isto pra mim, Pai! Não quero ser uma sombra de medo para as pessoas.

— Cadê a pedra que você quebrou? Pegue e pense no que você vai fazer com ela.

Coloquei as partes juntinhas, coloquei-as um pouco afastadas das águas, para que as águas não as separassem e dizia, falava e sentia:

— Pai, eu estou encontrando a essência da vida: é não separar o que nasceu para ficar junto; é não unir o que não quer ser unido; é reconhecer a hora de parar de nadar; é comer ostra crua sem limão. Você está me entendendo, Pai?

— Estou, minha filha, e sei também que você não tem como explicar com outras palavras o que você quer me dizer.

— É saber escorrer pela pedra como a água, com a determinação de abrir caminho impossível — mostrava-lhe o desenho feito pela água na "sala" de pedra. Olha para aqui, Pai, qual decorador conseguiria desenhar uma cortina como esta? — a superfície da pedra, de tão desenhada pela água, parecia uma cortina. Passar por estas cortinas, Pai, é conhecer a pedra sem ser desenhada pelas águas, que é o lado real da vida, sem cortinas, sem desenhos. A água, em nós, são as nossas emoções e as emoções, como as águas, desenham o nosso corpo, o nosso pensamento é o que dita as nossas emoções. Os desenhos de monstros que aparecem nos meus pesadelos foram desenhados pelas minhas águas, são como uma cortina desta pedra. Ai, Pai, é tanta coisa... Meu peito explode, mas a minha boca implode! Eu quero falar, falar, falar e silenciar, silenciar, silenciar.

— Você quer continuar com esta Eletricidade? Quer levá-la com você? As danças ritualísticas de ontem magnetizaram um *quantum* da eletricidade deste lugar que se somou à sua. Podemos fazer um ritual para desligar e você ficará com a memória do aprendizado. É uma outra escolha, é mais um pedaço da etapa que lhe permite escolher.

Terminei de comer o meu lanche e fui nadar, voltei a tomar banho de cachoeira. Ele me observava da "sala" de pedra e Maninho, do barco. Eu estava me sentindo tão bem e, enquanto estava tomando banho na cachoeira de Oxun, um pensamento brotou em minha mente sem nenhum comando: "Quem é que viaja até o fim da estrada e não quer trazer esta estrada para um novo reinício?". Ali estavam os atabaques e a minha escolha.

— Pai, quando eu cheguei aqui eu não pedi nada. Eu só chamei. Chamei com a dança, chamei com o canto; o que veio, veio porque veio, então eu levarei comigo.

— Menina, pense bem! Cada vez mais você mergulha no Santuário da Natureza, na Eletricidade da Natureza, e temo que chegue o momento em que, mesmo com todo o meu conhecimento, eu não saiba como lhe orientar.

— Quando eu conheci Mãe Helena e ela morreu, eu conheci Pai Damásio; quando Pai Damásio morreu, eu conheci você...

Ele me interrompeu:

— Eu não estou falando da minha morte.

— Agora você não me entendeu, Pai. Eu não estou falando

disso! Eu vejo os espíritos, então mesmo você morto vai continuar a me orientar, se tiver que ser. Só estou dizendo que eu dei conta de tudo até agora e vou dar conta deste mergulho que você fala, se não der conta é o momento de parar o mergulho ou de ser parada por ele.

Ele guardou o atabaque e ficamos mais alguns dias na casa de minha mãe em Cacha Pregos. Toda a minha família estava em outras cidades. Uma certa magia, uma eletricidade como dizia meu Pai Nidê, trouxe muita calma ao meu coração.

Voltamos para casa e, como sempre, achei tudo diferente, só que desta vez eu sabia que a diferença era minha.

Até hoje sinto estas energias e espero senti-las sempre.

17. Casas Astrais:
Ata de reunião sobre o início dos anos 1990 no calendário terrestre

Como sempre, o zelador Baltazar abre a reunião:

— Meus amigos, a natureza no planeta Terra está cada dia mais revoltada com os humanos, mas eles não percebem por acreditarem que a natureza é morta. Nem desconfiam que a natureza é um órgão vivo como eles, que tem as suas regras, as suas leis e as suas necessidades. Eles não reconhecem que a natureza foi a grande alquimista que os desenvolveu, que criou um corpo para as suas almas habitarem. Os cientistas são cegos para a grande verdade que a função da ciência é traduzir o Divino para o Humano. Entendem que o que é científico, o que pode ser provado pela ciência, nada tem a ver com a existência da Espiritualidade e de Deus. Como fazê-los ver que a sua função é exatamente decifrar o Divino para a forma da mente e do cérebro que estão na base do raciocínio e razão dos homens? Acredito que só o tempo e as dores os farão mudar esta ótica. Eu gostaria de ouvir o zelador Empédocles, que ficou com a responsabilidade de reunir mestres ancestrais na arte matemática da astrologia.

— O que posso lhe dizer, Baltazar, é que os cursos estão sendo ministrados. Em 10 anos conseguimos despertar e popularizar a astrologia na parte material do planeta, mas, como todos sabemos, a ferramenta faz o homem e o homem faz a ferramenta. A grande maioria, ao ser despertada pela astrologia, buscou a astrologia mais fácil, criada pelos romanos, na qual toda indagação e ampliação dos conhecimentos cósmicos foram diminuídas para não atrapalharem as intenções de Roma de se transformar em imperadora do mundo. O estudo da astrologia romana é superficial e a grande maioria das pessoas que trouxemos para retomar estes estudos, ao acordar no plano material, procuraram nos livros a astrologia romana. Para você ter uma ideia, neste estudo se omite totalmente a função do planeta Terra e as suas influências energéticas sobre o indivíduo. Roma assim decidiu porque contrariava a sua imposição de dizer que a Terra era o centro do Universo; como poderia, este planeta, ser comparado aos outros? E a astrologia romana se transformou na tradução dos seus deuses: os planetas passaram a ser traduzidos, pelo povo, com os mesmos comportamentos que os romanos atribuíam a seus deuses. Mas existem alguns que, pela sua força de questionamento, não se submeteram ao fácil estudo da astrologia romana, continuaram estudando a Astrologia Ancestral, as Sefirot, as Cabalas, as Mandalas e a relação do homem com a Terra, da Terra com o Sol, e do Sol com os outros planetas e luas.

Baltazar responde a Empédocles:

— Já sabíamos que seria assim, mas a notícia que me traz é boa. Para estes fortes vamos dobrar seu auxílio. Vamos colocar mais mentores em volta deles para que aprofundem nos seus conhecimentos. Vamos escutar agora o zelador Alcir:

— Não sei nem como lhes dizer. Tudo tem a sua luz e toda luz traz a sua sombra. A luz dos estudos do autoconhecimento trouxe a sombra de divulgadores da autoajuda, escrevem livros, propõem trabalhos para as pessoas, para autoajudá-las a encontrar a autoajuda, uma grande confusão. O que mais me chama atenção é que os seguidores desta inclinação nem param para pensar que autoajuda é autoconhecimento, é não trilhar por caminhos dados por outros para lhes autoajudarem a encontrar a autoajuda.

— Que grande confusão! — Revela Moushan.

— As livrarias do planeta Terra — continuou o zelador Alcir — transbordam de livros que se intitulam manuais de como ensinar as pessoas a se tornarem vitoriosas, de como ensiná-las a aumentar o seu magnetismo pessoal para terem sucesso, uma diferenciação sobre aqueles que ainda não conectaram com o autoconhecimento.

Propõem caminhos, profanam os mantras, ensinam exercícios físicos. Pior que isto: ensinam às pessoas movimentos que transformam suas mãos em amuletos para facilitar suas conquistas, desde uma vaga no estacionamento até como se transformarem em grandes empresários. Como disse, a luz e a sombra do autoconhecimento ocuparam espaços na Terra.

— É o livre-arbítrio, zelador Alcir — interrompeu Baltazar — o homem precisa saber que, se não escolher o seu caminho, será escolhido por aqueles que têm interesses mesquinhos. Vejo neste processo terrestre o desenvolvimento das Profecias Crísticas, nas quais a seleção será feita por cada homem. O que mais me preocupa é a revolta da Natureza sobre o reino humano, e esta revolta também foi profetizada. Aproximamo-nos de momentos decisivos para o planeta Terra. Vamos continuar fortalecendo os que buscam os difíceis caminhos de identificar os seus carmas, as suas sombras, as suas falhas de caráter para se transformarem em pessoas melhores, almas mais evoluídas. Sou informado que cada vez mais chegam até nós pessoas desencarnadas totalmente desconectadas do Mundo Espiritual, este número aumentou bastante. Mas, por outro lado, também aumentou o número de pessoas que já trazem, em sua alma, uma ligação espiritual que favorece a chegada e estabilização nas Casas Astrais, com o elemento éter e com o Mundo Espiritual.

18. Casas Astrais:
Ata de reunião sobre o início dos anos
2000 no calendário terrestre

Desta vez o zelador Moushan abre a reunião:

— Há muito tempo a parte material do planeta não tem tanto livre-arbítrio para escolher. É o momento de tudo, é a era aquariana se aproximando, tudo está exposto, cada vez mais crescem os contatos com óvnis e extraterrestres. O universo se globaliza e outros planetas materiais têm visitado a Terra, conseguindo contato profundo e dinâmico com alguns.

Zelador Alcir interrompe Moushan:

— E qual é o resultado da ampliação destes contatos?

— Algumas pessoas passam por perseguições e são chamadas de charlatãs, até porque existem pessoas que mentem dizendo terem feito contato também. Entretanto, há uma grande diferença no comportamento e no movimento dos mistificadores e daqueles que verdadeiramente captaram o convívio com outros planetas e conosco, aqui no Mundo Espiritual. Os mistificadores buscam ganhos pessoais, querem rótulos de gurus ou magos. Já os que se mantêm na conduta luminosa atuam apenas informando e distribuindo as informações que recebem. Nós os incentivamos a não tomarem para si a responsabilidade de provar nada, não utilizar, de forma alguma, a energia do convencimento, como os charlatões usam. Incentivamos que respeitem o livre-arbítrio dos outros, mas preciso dizer que é um sofrimento muito forte quando eles veem pessoas se aproximarem do materialismo ou dos falsos profetas e mistificadores. Mas, mesmo assim, mantêm-se respeitando o livre-arbítrio das pessoas, procurando não provar nada, eles sabem que isto é importante. E você, Baltazar, o que tem a nos dizer?

— Estou acompanhando diretamente pessoas que estão tendo aberturas de chakras, ampliando os seus canais físicos e imateriais. A mutação começa a acontecer. Com a ampliação dos chakras, o homem, na Terra, alcançará a tetradimensão. Os homens estão começando a compreender que os chakras são os órgãos que propiciam a evolução e o crescimento da inteligência e, principalmente, a aproximação com a espiritualidade. Gostaria de ouvir o zelador Alcir.

— As minhas informações confirmam as suas, Baltazar. Em todas as livrarias há informações sobre os chakras, os órgãos sutis, mas ainda há muita confusão e discussão sobre este conhecimento. Ao mesmo tempo que os homens querem se aproximar deste conhecimento para evoluir os seus organismos sutis, refratam-no por medo de se transformarem em pessoas iluminadas e jogarem fora os seus exageros financeiros.

— Aí, só a ação divina, só Deus, na Sua Magnitude e Onipotência, encaminhará este processo de evolução, assim como fez na era bidimensional, quando o homem terrestre verticalizou e construiu a sua coluna vertebral em direção ao Eu Superior. Os chakras são órgãos que ampliarão todo o organismo e o metabolismo humano. Cabe a nós auxiliar estabilizando as pessoas que sentem a manifestação destes órgãos para viverem na gravidade da Terra. Com os chakras ativados ultrapassarão as fronteiras materiais e alcançarão a esfera espiritual. Nunca se esqueçam, meus queridos, que o livre-arbítrio e a seleção foram dons dados por Deus para todos nós, e o momento de acessarmos estes dons está diretamente ligado ao investimento que cada um de nós quer.

Assim Baltazar finaliza esta reunião.

19. Até a próxima vez

Então, meus amigos, mais uma vez distribuo e divido com vocês uma parte da minha vida: eu vejo os mortos como se fossem vivos, tenho abertura de chakras, aprendi com o Mundo Espiritual a Astrologia Suméria, que é a Astrosofia Ancestral, por meio de desmembramento nos momentos de sono material.

Se caso for, se tiver que ser, eu contarei para vocês outras Iniciações e experiências.

Não quero dar uma lição teórica, mas vou deixar algumas frases para você, leitor, ler e se questionar:

•Estar em seu lugar estando em qualquer lugar, sendo você mesmo, apesar das divergências.

•Investigar a sua crença, mesmo que isto desabone as suas verdades e paradigmas.

•O outro, o estranho, é apenas alguém com que você ainda não tem intimidade.

•O longe não é o longe porque é você quem marca a distância. Para o Universo não existe o longe. Quem cria o longe é o homem quando demarca as suas instâncias.

•Nada que a gente quer pode estar tão longe a ponto de não podermos adquirir porque, se estivesse assim tão longe, nem teríamos a consciência da sua existência.

Obrigada por ler mais um livro meu. Espero que as minhas

histórias lhe sejam úteis de alguma forma, nem que a utilidade seja você não acreditar em nada do que digo porque isto me confirma que você, ao não acreditar no que lê, tem uma outra crença, outra experiência no seu coração. Se tiver que ser, a essência da sua vida providenciará caminhos que o levarão a vivenciar o que eu vivenciei. Se não tiver que ser, a crença que já existe no seu coração o levará por caminhos que eu também não conhecerei. Se lhe for útil porque lhe despertou, porque encontrou uma palavra que seja de verdade nas linhas da minha vida já estamos pertos e esta palavra ou esta linha nos unirá. Quem sabe não tomaremos banho juntos na Fonte do Boi, em Cacha Pregos, na ilha de Itaparica?

Com amor por todos aqueles que tiveram coragem de desenvolver uma crença, que têm coragem de duvidar do que acreditam, que pagam o preço da briga com a dúvida para reciclar as suas crenças, para confirmarem as suas certezas ou para perceberem que é o momento de quebrar os seus paradigmas e se abrirem para outras realidades.

Halu,
Halu Gamashi

Um Universo no Mundo

A capacidade de comunicação cósmica humana é infinita. O Homem é o ser terreno com mais capacidade de se comunicar por causa do seu campo eletromagnético.

O campo eletromagnético humano alcança no mínimo oitenta quilômetros de distância. A depender do que estamos fazendo e sentindo este campo se modifica. Quando estamos em repouso, em descanso, relaxados, ele assume uma condição circular girando em torno do nosso corpo. Quando estamos em foco para uma única atividade ele se transforma em um corredor horizontal ora a nossa frente, ora completamente a nossas costas. Fato é que o campo eletromagnético está sempre em movimento.

Completamente individual, atrai e refrata energias de outros campos eletromagnéticos humanos, dos campos eletromagnéticos dos animais, do campo eletromagnético de cada elemento da natureza (terra, água, fogo e ar), do campo eletromagnético do Sol, da Lua e dos demais planetas que giram em torno do Sol. Existe uma comunicação específica para cada contato. Este contato pode ser denso ou sutil, a depender das qualidades e equilíbrio das energias estabelecidas no interior do campo eletromagnético humano. A percepção da existência destes contatos depende de diversos fatores.

Eu estudo o campo eletromagnético humano desde os meus dezoito anos. Nasci com a condição de enxergá-lo. Tenho no histórico esta condição desde os meus cinco anos de idade. A medida em que fui crescendo esta condição foi-se ampliando.

O campo eletromagnético é conhecido por diversos nomes,

inclusive Campo Áurico. Precisei estudar, conhecê-lo para conseguir manter o equilíbrio, não me desestabilizar por enxergar uma realidade que comumente as pessoas não enxergam.

Com isto aprendi que o grau de percepção da existência deste campo eletromagnético ou campo áurico depende de diversos fatores que, na minha opinião pessoal, o principal fator é o conhecimento. Todas as sensações positivas, negativas, confortáveis, desconfortáveis são uma reação deste contato.

Essas reações nos informam a qualidade de energia que está mais próxima dos nossos chakras.

Na minha experiência, pessoas que já despertaram para o autoconhecimento percebem esta comunicação pelo fato de conhecer a sua existência. A mente precisa de conhecimento para traduzir a sensibilidade. O desconhecimento e a falta de autoconhecimento impedem a mente de traduzir sensibilizações. Quando estudamos e descobrimos o campo eletromagnético e sua capacidade de atrair e retrair energias dos diversos campos eletromagnéticos aqui já citados, as sensações são facilmente traduzidas e quanto mais aprofundamos no conhecimento deste campo, mais descobrimos a intensa comunicação que existe entre nós, todos os seres que estão ao nosso redor, inclusive esta comunicação mais distante com o sol, a lua e os planetas que giram em torno do sol.

O Homem é o imã da Terra. A forma como as energias se organizaram para construir o metabolismo psíquico e orgânico humano comprovam claramente que o Homem é o ser que mais catalisa, absorve, refrata todo tipo de energia.

Helena Blavatsky e outros estudiosos que a precederam deixaram os conhecimentos sobre os Akashas.

Akashas são micro-celulas de conhecimento. Cito como exemplo os "pen drives", pequenos compartimentos que armazenam muita informação.

Os Akashas são "pen drives" que caminham soltos, fluidamente pelo planeta Terra. Quando a informação inserida neste "pen drive" tem similaridades com a procura, com a busca, as energias inseridas no campo eletromagnético humano os atrai para dentro do campo e em um dado momento a mente humana absorve estas informações. Freud chamou esta captação de *insight*, outros de intuição.

Por tudo isto, o conhecimento da existência e comportamento do campo áurico ou campo eletromagnético auxilia o Homem a entender como e porquê da manifestação do *insight*, de uma intuição. Tudo começa com sensações. Quando o Akasha já está circulando no campo eletromagnético humano e enquanto não está totalmente percebido e utilizado, ainda é "um corpo estranho" circulando pelo campo eletromagnético. Esta presença ainda estranha é percebida pelas sensações que podem ser de irritação ou angústia. Quando é captada e utilizada deixa de ser um corpo estranho e se estabelece harmonicamente deixando de causar estas incomodas sensações.

O que chamam de gênio são pessoas que se "comunicam" com Akashas a todo momento. A excentricidade que se percebe nos gênios é por estarem constantemente em contato com estes "corpos estranhos", traduzindo-os para alcançar harmonia. O autoconhecimento é uma forma de educação para estabilizar as comunicações que existem entre campo eletromagnético pessoal e todos os outros campos eletromagnéticos que o campo pessoal comunica e interage.

Veremos agora, passo a passo, como se estabelece o contato entre o campo eletromagnético humano e o campo eletromagnético do Sol, da Lua e dos Planetas que giram em torno do Sol.

O campo eletromagnético do Sol é o combustível mais potente de toda a Via Láctea. A inteligência deste campo supera a simples capacidade de atrair e refratar energias. O Sol capta a energia de todos nós, de todas as naturezas que existem no Planeta Terra, a energia de todos os outros planetas que giram em torno dele e organiza estas energias em blocos energéticos.

Alguns destes blocos são distribuídos para o Planeta Terra através da Lua. Os demais são distribuídos por ele mesmo. A cada oito minutos o Sol envia para a superfície da Terra infinitos blocos energéticos. Estes são os Akashas do Sol.

Os Akashas do Sol, distribuídos pela Lua, chegam à superfície da Terra a cada sete dias. Como vimos, os Akashas Solares distribuídos pelo próprio Sol chegam a nós primeiro. Por esta condição, o conhecimento **astrosófico** simbolicamente informa que a Lua rege sobre o passado do Sol.

Os Akashas Solares são quentes e se desfazem muito rapidamente. Ao se desfazerem são capturados pela Lua que os trazem de volta à superfície da Terra (pense em uma notícia que não conseguimos absorver de imediato, que alguém a absorve por nós e vai nos repassando aos poucos, na medida em que podemos absorver).

Os campos eletromagnéticos captam imediatamente as energias dos Akashas Solares e por isso conseguimos sobreviver na superfície deste planeta alimentados por este combustível especial. Todos os seres vivos sobrevivem pela existência deste combustível. Assim como a Natureza reconhece e manifesta as estações do ano, existem informações para os campos eletromagnéticos também organizarem as suas estações pessoais.

As peculiaridades, idiossincrasias, biotipos são construções organizadas pelo Sol para que o Homem, apesar de sua individualidade, possa sobreviver e conviver com demais humanos e suas outras peculiaridades, idiossincrasias, biótipos etc.

Dedicar-se ao estudo do seu combustível pessoal amplia a capacidade de autoconhecimento e auto compreensão.

Os Akashas Solares do campo eletromagnético humano circulam muito perto do corpo material. Quando o campo eletromagnético humano está equilibrado os Akashas Solares circulam em volta da cabeça, onde também se posicionam o Chakra Frontal e o Chakra Pineálico, perfazendo um percurso orbital até a região do estômago onde se posiciona o Chakra Plexo Solar. Assim se inicia o circuito orbital humano dinamizado pelos Akashas Solares. Nesta órbita acontece um diálogo interno entre o Chakra Plexo Solar, Chakra Frontal e Chakra Pineálico.

O Chakra Plexo Solar informa aos demais a condição orgânica que estamos vivendo. Se esta informação diagnostica que estamos bem, em equilíbrio, esta informação é captada pelos os demais chakras, Chakra Frontal e Chakra Pineálico. De posse desta informação, o Chakra Frontal se organiza para captar os Akashas Solares que o Chakra Pineálico armazenou. É neste momento que sentimos as sensações "como se estivéssemos adivinhando alguma coisa", "a certeza que algo vai acontecer" ou "que alguém vai chegar", vigilância, são traduções de sensações mais comuns a este momento.

A postura esperada é o foco, a meditação para absorver conhecimentos e informações dos Akashas Solares em trânsito entre o

Chakra Pineálico e o Chakra Frontal. Quando não fazemos esta postura as sensações se adensam transformando-se em irritação e angustia, e o agravamento em depressão e ansiedade. Um atrito interno entre o que se busca saber e ao mesmo tempo não quer saber. Se vivemos um momento difícil, sem condições de tomar conhecimento de mais informações, esta órbita é interrompida no Chakra Plexo Solar. Os Akashas Solares refratados pelo Chakra Plexo Solar podem se dissolver e serem captados pela orbita da Lua, circular pelo campo eletromagnético.

Os Akashas Lunares têm a mesma temperatura corporal humana por isso é mais fácil serem captados e percebidos. Trafegam em torno do estômago onde se posiciona o Chakra Plexo Solar e o coração onde se posiciona o Chakra Cardíaco. O processo é o mesmo: o Chakra Plexo Solar sempre dita a nossa condição orgânica de receber ou não informações. Quando o Chakra Plexo Solar se desarmoniza a informação vaza, invade, trazendo muitos danos para a nossa saúde física, emocional e espiritual.

A recepção da informação pelo Chakra Cardíaco acontece da mesma forma que a percepção dos Akashas Solares pelos Chakras Frontal e Pineálico. Começam sempre com as sensações "tem algo errado nesta história", "não consigo confiar em determinada pessoa", "sua boca diz uma coisa, mas seu olhar diz outra", "está acontecendo alguma coisa errada" são linguagens sentimentais comuns a este acontecimento. A postura esperada também é o foco e a meditação, caso contrário, adoecemos.

Os Akashas Mercurianos têm uma temperatura parecida com os Akashas Lunares, são muito mais velozes, porém, a sua velocidade é infinitamente menor do que a velocidade dos Akashas Solares. Todos os dias os Akashas Mercurianos chegam ao campo eletromagnético da superfície da Terra e de nós, humanos. Depois que o Akasha Mercuriano chega ao campo eletromagnético humano o contato se estabelece a cada duas horas e a cada duas horas modifica a forma, o "idioma" da mesma comunicação.

O Chakra Kundalínico, que se posiciona na região pélvica, é o responsável por este contato. A órbita é igual à dos demais, requer aprovação do Chakra Plexo Solar.

O horário em que nascemos é o momento mais adequado

para favorecer a captação e absorção das informações oriundas do Planeta Mercúrio através de seus blocos energéticos Akashas Mercurianos.

Os Akashas Venusianos trafegam sempre na órbita dos Akashas Lunares. Portanto são captados e absorvidos pelo Chakra Cardíaco – importante não esquecer: é pré-requisito a aprovação do Chakra Plexo Solar. A temperatura dos Akashas Venusianos é exatamente igual ao da Lua e possui a mesma velocidade, infinitamente mais lento que os Akashas Solares e bem mais lentos que os Akashas Mercurianos. Como são mais lentos e tem a mesma temperatura corporal estão sempre à disposição para serem captados e absorvidos.

Os Akashas Marcianos são muito quentes, mais quentes que os Akashas Mercurianos e infinitamente menos que os Akashas Solares. Trafegam na mesma órbita que os Akashas Mercurianos, na região pélvica. Por ser mais quente e menos veloz necessitam que os Akashas Mercurianos sejam percebidos e absorvidos primeiro, dando assim condição de serem captados. Há, aqui, uma ordem para a captação dos Akashas Marcianos: nosso Chakra Kundalínico primeiro capta os Akashas de Mercúrio, depois que estabelecem as informações e conteúdos deste Akasha ganha condições para captar e absorver os Akashas Marcianos.

Akashas Jupterianos: este Akasha trafega na mesma órbita dos Akashas Mercurianos e Marcianos; na ordem é o terceiro a ser captado – lembre-se da ação de atração ou refração do Plexo Solar. O Akasha Jupteriano também é conhecido por Akasha do Fogo Frio, do Fogo Azul. Embora pertença ao universo do elemento fogo, a temperatura dos Akashas Jupterianos são similares aos Akashas Lunares e Venusianos. Depois de ser captado pelo Chakra Kundalínico estes Akashas são enviados para a região do Chakra Cardíaco e passam a pertencer a órbita e proselitismos naturais do Chakra Cardíaco.

Akashas Saturninos: quase tão quente como o sol, mais lentos de todos os Akashas. A captação deste Akasha depende completamente da atividade em equilíbrio dos Chakras Pineálico, Frontal, Laríngeo, Cardíaco, Plexo Solar, e como os demais Akashas, Chakra Básico e Kundalínico.

Os blocos energéticos ou Akashas Saturninos circulam pelo campo eletromagnético humano e podem ficar sem ser captados e absorvidos por toda uma vida pela necessidade da atividade em equilíbrio aqui citada. Circulam na direção do Chakra Pineálico. Quando captados se mantêm perto da região da cabeça. Quando não, mantem-se muito distantes, mas na mesma direção.

Akasha Uraniano: este Akasha tem uma peculiaridade muito interessante, circula por toda a superfície da Terra. São magnetizados pelo Homem através do Chakra Pineálico quando existe comunicação entre os Akashas Saturninos e o Chakra Pineálico. A atividade entre o Chakra Pineálico e os Akashas Saturninos magnetizam os Akashas Uranianos. Estes Akashas só se estabelecem no campo eletromagnético humano pessoal quando existe a atividade do Chakra Pineálico com o Akasha Saturnino.

Akasha Netuniano: estes Akashas são totalmente pessoais, armazenam informações da nossa trajetória desde a nossa primeira encarnação – o "super pen-drive humano". Suas informações são captadas por todos os chakras. Freud e Jung, quando falam do inconsciente, é dos Akashas Netunianos a que estão se referindo. O conteúdo destes Akashas nos são revelados através dos sonhos, pelo menos é o espaço psíquico mais comum que facilita a absorção dos conteúdos inseridos nestes Akashas. As captações das informações também dependem da aprovação do Chakra Plexo Solar.

Akashas Plutonianos são os mais visíveis e invisíveis que todos os demais. Dependem do grau de consciência de cada indivíduo. São muito visíveis quando se julga e rotula os outros, são convenientemente invisíveis na autopercepção. Este Akasha é construído por toda a atividade humana desde sua primeira encarnação. Informam sobre o quanto já caminhamos nos aprendizados terrenos rumo à evolução. Magnetizamos e participamos da construção deste Akasha pessoal com nossas atitudes, caráter e ética. Astrosoficamente foi chamado de Akashas do Karma e Dharma, "pen-drives" que armazenam informações sobre as nossas construções e destruições, sobre o nosso avanço e retrocesso. É captado por todos os chakras, embora sua absorção também dependa da atividade do Chakra Pineálico, dos Akashas Saturninos.

Os Akashas do Sol são trazidos para a superfície da Terra e

para os campos eletromagnéticos dos seres vivos através dos seus próprios raios, os raios solares, a cada oito minutos diariamente. Quando não são absorvidos imediatamente são capturados pela Lua e reenviados a cada sete dias.

Os Akashas lunares chegam à superfície da Terra e aos campos eletromagnéticos dos seres vivos através da própria ação da Lua com a mesma performance de atividade que reenvia os Akashas Solares.

Os Akashas Mercurianos chegam à superfície da Terra e ao campo eletromagnético dos seres vivos através da constelação de Virgem e Gêmeos.

Os Akashas Venusianos chegam à superfície da Terra e ao campo eletromagnético dos seres vivos através da constelação de Touro e Libra.

Os Akashas Marcianos chegam à superfície da Terra e ao campo eletromagnético dos seres vivos através da constelação de Áries.

Os Akashas Jupterianos chegam à superfície da Terra e ao campo eletromagnético dos seres vivos através da constelação de Sagitário.

Os Akashas Saturninos chegam à superfície da Terra e ao campo eletromagnético dos seres vivos através da constelação de Capricórnio.

Os Akashas Uranianos chegam à superfície da Terra e ao campo eletromagnético dos seres vivos através da constelação de Aquário.

Os Akashas Netunianos chegam à superfície da Terra e ao campo eletromagnético dos seres vivos através da constelação de Peixes.

Os Akashas Plutonianos chegam à superfície da Terra e ao campo eletromagnético dos seres vivos através da constelação de Escorpião.

Estudando a latitude e longitude de onde nascemos é possível traçar um mapa territorial para fazer um levantamento quanto a presença e quantidade de Akashas existentes neste local. São os Akashas que herdamos da Via Láctea.

Um estudo minucioso e competente destes Akashas nos revela pistas que favorecem a nossa caminhada, nossa jornada encarnatória dentro deste labirinto que é o planeta Terra.

O estudo dos Astros é fruto de uma pesquisa de muitos milênios, de muitas Eras que o planeta Terra atravessou. Estes estudos foram sempre muito perseguidos por poderosos que almejam massificar as gerações. Massificados torna-se mais fácil sermos manipulados.

Muita coisa foi escrita e a grande maioria foi queimada. Para a preservação deste conhecimento, ele passou a ser transmitido, na sua completude, apenas através da transmissão oral depois que a confiança era estabelecida entre professor e aluno. O pouco que ficou escrito foi muito banalizado, principalmente por não estar completo. A pior forma de inquisição é a banalização.

No COT – Código Original de Transcendência apresento estas informações em forma de Sephirot, bem como a interação entre elas e o indivíduo.

Com amor,
Halu Gamashi
Bahia, 01 de abril de 2017

OBS. Atendendo a pedido da Espiritualidade, que acompanha e orienta o trabalho de Halu Gamashi, ela preparou este material (*Um Universo no Mundo*) que é uma síntese de um estudo que realiza há anos, com aproximadamente duas mil páginas escritas, para ser distribuído ao maior número possível de pessoas, bem como acompanhar seus cursos, leituras de aura, interpretação do Mapa COT, escritos, livros e outros, pela importância que tem no crescimento, desenvolvimento e autoconhecimento humano.

Sobre a Autora

Halu Gamashi é baiana de nascimento e uma cidadã do mundo por excelência. Terapeuta há mais de 20 anos e criadora de técnicas corporais e sutis, ministra aulas e workshop sobre campo áurico, astrosofia, filosofia, saúde e comportamento humano em diversas cidades brasileiras e europeias. Iniciada nas culturas ancestrais, relata em livros a ampliação da consciência cósmica e as aberturas espontâneas de seus chakras.

Outros livros de Halu Gamashi

Esperamos que você tenha apreciado este livro. Ele é parte de uma história que ultrapassa cinquenta anos de experiências vividas nos planos material e imaterial. Conheça a seguir outros livros já publicados por Halu Gamashi.

Caminhos de um Aprendiz
Revelações sobre o Mundo Espiritual

Escrevi este livro no inicio dos anos 90. Relato a minha descoberta experiencial do mundo espiritual através das minhas viagens astrais. Já havia lido alguns livros e ouvido de outras pessoas sobre a existência da esfera espiritual. Naquela época passei por um processo espontâneo de abertura de chakras. Estas aberturas viabilizaram-me deslocar para o mundo espiritual e retornar ao mundo físico lembrando com clareza do que vi, ouvi e aprendi.

Encontrei muitas respostas para questionamentos pessoais sobre o livre-arbítrio, sobre como acontecem encontros entre seres desencarnados e encarnados, sobre a função dos mentores espirituais e, enfim, porque encarnamos e como escolhemos os aprendizados. Esta experiência me levou a compreender o meu nascimento, o porquê daquela família, as razões por eu ter nascido no Brasil, na Bahia, e a minha função no mundo.

Naquela época, ao contar as minhas experiências para algumas pessoas, vi que elas extraíram para si algumas buscas – ouso até dizer algumas respostas – e fui incentivada por elas a escrever e, desde então, não parei mais.

Halu Gamashi

Meditando com a Consciência Suprema

Mensagens ditadas a uma paranormal

Despojar-se, despir os trajes dos personagens que somos levados a viver por imposição do cotidiano, atender ao chamado insistente vindo do recanto mais livre e amplo do nosso sentimento onde o calor da razão aquece o entendimento que enfim explode para tornar-se mais íntegro são alguns imperativos na tentativa de percorrer os caminhos da procura, ansiosos que somos pelo encontro.

Compreender e obedecer a esses imperativos são os primeiros passos para alcançar os significados contidos em *Meditando com a Consciência Suprema*, segundo livro de Halu Gamashi.

Premido por uma necessidade que vinha do meu mais profundo interior – que, reconheço, eu mesmo desconheço – dei os tímidos primeiros passos, já envolvido por aquela ansiedade que prenuncia a manifestação de bem-vindos prazeres ou inelutáveis desconfortos. Descrever ou tentar explicar o que senti no alvorecer desta viagem poderia aparecer como uma tentativa de sedução. A beleza que enfim percebi não induz à sedução, não se socorre desse procedimento, não manipula nossas carências, nem nos afirma em nossas conquistas. Paradoxalmente é o inefável que se explicita, assim como na arte.

As parábolas de Halu soam como notícias de muitos mensageiros: alguns os chamam de anjos, outros simplesmente de poetas, outros, ainda mais singelos, de aprendizes. Cada notícia, uma chave para abrir novas portas. Compete a nós trilhar ou não os caminhos da procura, alcançando ou não a beleza da tranquilidade do encontro.

Gianfrancesco Guarnieri

Plano Inverso
A Tríplice Aliança da Sombra

A cada década, as fronteiras entre o plano material e o plano espiritual estão diminuindo. Por isso é importante que se conheça profundamente as diversas esferas espirituais, seus interesses e objetivos.

Antes da experiência que narro neste livro, acreditava que o mundo espiritual fosse o paraíso, o éden. Depois de tudo que vivi, pude perceber o que significava o 'assim na terra como no céu'. Resolvi dividir minha experiência para que outras pessoas se baseiem na lucidez, orando e vigiando; para que tenham clareza ao lidar com o plano invisível. Há flores mas há sombras. Há o divino, mas há a ignorância. Enquanto o amor constrói, há o desamor, que sofre por essa construção.

Mais do que nunca, precisamos ficar atentos para diferenciar o falso do verdadeiro e, principalmente, purificar o nosso ego para não caírmos nas armadilhas do Plano Inverso e sua aliança com a sombra.

Halu Gamashi

O Livro dos Sonhos Cabalísticos

Para compreender os sonhos, é importante perceber o homem como um todo. Separar os seus símbolos do comportamento humano habitual dificulta o entendimento da mensagem inserida na simpologia. Para se interpretar um sinal, precisamos pensar na sua natureza.

Este livro pretende ser uma ferramenta que incentiva o sonhador a refletir sobre seus processos e sobre o porquê dos seus significados.

Chakras
A história real de uma iniciada

Chakras – a história real de uma iniciada é a autobiografia de Halu Gamashi. Neste livro, o leitor encontrará a história de uma paranormal e da abertura de seus chakras.

Nascida Mércia Celeste Dias da Silva, natural de Jequié, no sertão da Bahia, Halu em pequenina é chamada de Turunga. Gosta das pessoas e dos bichos, adoece com os conflitos dentro de casa, mas, diferentemente de todas as meninas da sua idade, vê os mortos como se fossem vivos e fala com eles. Vai para a escola como Turunga e, ali, se transforma em Mel. A rotina infantil logo não lhe interessa mais: quer ser independente e trabalhar. O eterno conflito com o pai faz com que ela fuja de casa, passando a viajar com caminhoneiros. Na estrada é chamada de Macarrão. Mas a menina magra e franzina, ao chegar a São Paulo, volta a ser Mercinha, embora, em algumas ocasiões, se apresente também como May Help, uma hippie lunática. Sentindo na pele a saudade, volta para a Bahia e no terreiro de Pai Nidê transforma-se em Iaô, Iaô de Bessém.

É interessante notar que, ao longo sua vida, Halu foi recebendo diferentes nomes, criando outros, incorporando todos. Reconhecendo-se não como uma, mas como várias, porque quer reencontrar a pluralidade intra-individual que a constitui, ela se vê constantemente fundida com o mundo e com os outros egos. Essa experimentação das variações do eu não faz com que ela se feche em sua individualidade, se encerre em si mesma, mas a transporta para um outro patamar: o do corpo sutil. O seu "eu", capaz de aprender e de viver em diversos lugares e nas condições mais adversas, está, assim, apto também a sentir o liame cósmico, isto é, a transformar-se num eu cósmico para não só experimentar a linhagem dos vivos e toda a sua ascendência histórica, mas também para se abrir para o fatum universal. Desse modo, ele se integra à árvore da vida desde as suas formas mais elementares até a mais divina.

Rosa Dias

Clandestina

O resgate de um destino

Revelar segredos é o meu dia-a-dia. Meu tempero é descobrir

quais segredos podem ser revelados através da cultura escrita.

Venho de uma cultura oral na qual tudo o que aprendi não podia ser anotado para ser estudado novamente. Enquanto houvesse dúvida sobre o conhecimento, era preciso repetir desde o início até o desaparecimento da dúvida.

A avaliação sobre o meu conhecimento também não era teórica. Praticar com excelência era o que me permitia seguir adiante, seguir para conhecimentos mais profundos.

Toda cultura que se preservou na transferência do conhecimento oral não foi dizimada por outras culturas porque não tinha livros para serem queimados.

Línguas foram queimadas nas fogueiras da Inquisição, mas, graças a Deus, sobraram algumas.

Neste livro, *Clandestina – o resgate de um destino*, há a revelação de segredos. Por quê? Porque recebi esta ordem. Estamos atravessando momentos de profundas transformações e precisamos aproveitar que os estadistas e as religiões se mantêm em uma pequena democracia. É o momento certo para escrever este livro.

Acredito que esta 'liberdade' não demorará muito tempo: ou calarão nossas bocas ou farão com que nossas revelações sejam ridicularizadas e banalizadas – uma forma branda de Inquisição.

Estou aproveitando o momento para *falar*em um livro, para *falar*em uma peça de teatro.

Está aí a minha colaboração. E, se um dia queimarem os meus livros, sobrará a minha voz.

Halu Gamashi

Conde Vlado

Um alquimista em busca da eternidade

Eram tomados por sentimentos que nunca haviam ouvido falar, não sabiam como conduzir. Eram inocentes e os seus parâmetros eram as mentiras e as máscaras. Onde encontrar, nestes parâmetros, limites que tivessem a força e a envergadura de conduzir a natureza e o instinto para a troca de sentimentos mais sutis? Não, não lhes era possível, não tinham elementos para isto. Eram dois amantes sem conhecimento de freios ou censuras, comandados por um sentimento muito forte que nunca haviam visto em ninguém. Como poderia ser diferente esta história? Eu não sou hipócrita e a minha total falta de hipocrisia faz com que os enxergue como os descobridores do amor. Um Adão e uma Eva entre o inferno e o céu, sem a confiança em um Deus que Vlado, mais do que Elisabeth, sabia ser uma invenção para domar os Homens, o deus da igreja, o Jesus da madeira. Por falta de recursos entregavam-se à única verdade, verdadeira, ditada pelos seus instintos.

Assim são os mitos, regidos pela dualidade do bem e do mal. A depender do interesse de quem os descreve os personagens são anjos, santos ou demônios. Mais afortunados seriam se fossem descritos como Homens.

Halu Gamashi

Entre em contato:

Web site: http://www.VentosAntigos.com
Facebook: https://www.facebook.com/VentosAntigos/